综合素质(小学)
全真模拟与预测试题 1

注意事项:

考试时间为120分钟,满分150分。

一、单项选择题(本大题共29小题,每小题2分,共58分)

1. 历史课中讲到"楚汉战争"中项羽自杀时,一个学生突然说道:"傻瓜。"张老师微笑着说:"刚才有人说,项羽自杀是傻瓜行为,大家怎么认为呢?"张老师的处理方式体现了(　　)。
    A. 以学生为本　　　　　　　　　　B. 以教师为本
    C. 以教材为本　　　　　　　　　　D. 以知识为本

2. 我国基于国家发展的考虑,提出必须坚定不移地实施科教兴国战略,大力提高全民族的思想道德和科学文化素质,增强知识创新和技术创新的能力,并颁布了(　　)。
    A.《关于深化教育改革全面推进素质教育的决定》。
    B.《学会关心:21世纪的教育》
    C.《国家中长期教育改革和发展规划纲要(2010—2020年)》
    D.《国家处于危险之中:教育改革势在必行》

3. 李老师平时对学生特别关心,不但注重学生知识的积累,同时也注重学生的品德与能力的发展。他的目标是促进学生的全面发展。这体现了教育对学生的(　　)。
    A. 传授知识、培养能力、学习评价功能
    B. 传授知识、学习评价、陶冶品德功能
    C. 传授知识、培养能力、陶冶品德功能
    D. 培养能力、学习评价、传授知识功能

4. 下列选项中,对于"以人为本"的学生观的思想内涵叙述正确的是(　　)。
    A. "以人为本"在教育活动中,也就是"以学生和教师为本"
    B. "以人为本"的教育观就是素质教育
    C. "以人为本"就一定要落实到人的全面发展目标上
    D. "以人为本"强调人的特长发展,而非全面发展

5. 张老师在教学中遵循"教学有法,教无定法"的原则,针对不同的学生选择不同的教育方式。他的做法体现了教师职业的(　　)。
    A. 示范性　　　　　　　　　　　　B. 复杂性
    C. 长期性　　　　　　　　　　　　D. 创造性

6. 教育应将学生的知识学习、能力发展与品德养成相结合,促进学生全面发展。但教育首先是教人先做人,所以应教导学生学会做人,做一个现代的中国人。这就意味着教师在教育教学过程中要坚持(　　)。
    A. 育人为本,德育为先　　　　　　B. 依循规律,尊重差异
    C. 激发兴趣,鼓励创新　　　　　　D. 自主探索,适应社会

7. 教师专业理念与师德是成为一个完美教师的前提和基础,它具体包括(　　)。
    ① 职业理解与认识;② 对学生的态度与行为;③ 教育教学的态度与行为;④ 个人修养与行为;⑤ 对社会的认知与行为

A. ①③④⑤ B. ①②④⑤
C. ①②③④ D. ②③④⑤

8. 《中小学班主任工作规定》属于( )。
   A. 地方性教育法规 B. 教育(行政)规章
   C. 教育行政法规   D. 地方政府教育(行政)规章

9. 王某大学毕业后在某小学任英语教师3年,期间通过了全国专业硕士研究生考试,收到了录取通知书。在办理相关手续时,学校以英语教师不足为由不予批准王某在职学习。王某想以剥夺其参加进修权利为由提出申诉,受理申诉的机构应当是( )。
   A. 当地县教育局   B. 当地县人民政府
   C. 当地市教育局   D. 省教育厅

10. 明清之际思想家、教育家黄宗羲指出:"道之未闻,业之未精,有惑而不能解,则非师也。"这说明教师应当( )。
    A. 保护学生权益   B. 提高思想觉悟和教学水平
    C. 尊重学生人格   D. 教育教学

11. 金某(15周岁)在课间因为小事与同学沈某发生争执,金某一拳击中沈某头部,致使沈某倒地,送医院后不治身亡。金某应该( )。
    A. 负相对刑事责任 B. 不应负刑事责任
    C. 负完全刑事责任 D. 负刑事责任

12. 小丽在学校时由于一时冲动,犯了错误,学校以安全不能保证为由对小丽停课2日,并且停发了布置作业的短信。该学校的行为侵犯了小丽的( )。
    A. 人身自由权   B. 人格尊严权
    C. 参加教育教学活动的权利 D. 隐私权

13. 某教师衣着邋遢,不讲个人卫生,他认为教师课教好就行了。这位教师的言行违反了教师职业道德规范中的( )。
    A. 教书育人   B. 为人师表
    C. 严谨治学   D. 爱岗敬业

14. 教师必须拓宽知识视野,更新知识结构,潜心钻研业务,勇于探索创新,不断提高专业素养和教育教学水平。这说明,教师应该做到( )。
    A. 关爱学生   B. 爱岗敬业   C. 教书育人   D. 终身学习

15. "其身正,不令而行;其身不正,虽令不从。"这句话,从教师的角度可以理解为( )。
    A. 教师时时要以身作则,用自身的言行来影响学生
    B. 教师对学生下命令时,身体姿态一定要端庄、正确
    C. 教师自己走路出行时,身体姿势和步伐一定要端正
    D. 教师自己做好了,不需要对学生进行教育,学生就会学好

16. 下列选项中,违反现行《中小学班主任工作条例》要求的是( )。
    A. 深入分析学生思想、心理、学习、生活状况,有针对性地进行思想道德教育
    B. 组织本班学生自行制定和实施班规,负责收缴学生的违规罚款,决定班费开支
    C. 组织、指导开展班会等班级活动,做好班级的日常管理工作和安全防护工作
    D. 组织做好学生的综合素质评价工作,评定学生的操行,向学校提出奖惩建议

17. 教师专业发展的基石是( )。
    A. 终身学习   B. 教研结合   C. 协调合作   D. 反思经验

18. 最早提出教师要做"人类灵魂的工程师"的教育家是( )。
    A. 凯洛夫   B. 加里宁   C. 马卡连柯   D. 赞可夫

19. 联合国开发计划署把新能源分为( )。
    A. 传统能源之外的各种能源形式
    B. 水能、太阳能、风能、地热能
    C. 大中型水电、新可再生能源
    D. 小水电、太阳能、风能、现代生物质能、地热能

20. 诙谐幽默,寓悲于喜,形成"含泪的微笑"的独特风格,并被誉为"美国生活幽默的百科全书"的小说家是( )。
    A. 莫泊桑   B. 杰克·伦敦   C. 屠格涅夫   D. 欧·亨利

21. 鲁迅、巴金、老舍的作品分别是( )。
    A. 《孔乙己》《春》《龙须沟》
    B. 《茶馆》《日出》《屈原》
    C. 《祥林嫂》《林家铺子》《秋》
    D. 《龙须沟》《孔乙己》《春》

22. 相传我国古代诗人白居易每次做完诗后,都会读给一位目不识丁的老太太听。白居易这样做的目的是( )。
    A. 检查作品的韵律是否朗朗上口
    B. 检查作品的内容是否通俗易懂
    C. 检查作品的主题是否符合大众趣味
    D. 在普通大众中推广自己的作品

23. 1989年6月获得"小罗克韦尔奖章""世界级科技与工程名人"和"国际理工研究所名誉成员"称号,1991年10月获国务院、中央军委授予的"国家杰出贡献科学家"荣誉称号的"两弹一星"功勋科学家是( )。
    A. 钱学森   B. 袁隆平   C. 李四光   D. 高铭暄

24. 科举考试制度开创了以考试选拔人才的先河。科举制在一定程度上体现了公开公平地选拔人才的原则,它正式创立于( )。
    A. 汉武帝时期   B. 隋炀帝时期
    C. 唐太宗时期   D. 武则天时期

25. 元末明初文学家施耐庵把塑造绿林豪侠英雄作为自己的最高艺术追求,开始了小说创作从类型化人物向性格化人物的过渡。该作品问世后,产生了极大的影响,尤其在社会影响方面,明清两代的农民和绿林豪杰起义,往往打出"替天行道"的旗帜。上面描述的是( )。
    A. 《水浒传》   B. 《红楼梦》   C. 《聊斋志异》   D. 《西游记》

26. 儿童文学创作一般来说有四种视角,郑春华的《大头儿子和小头爸爸》属于( )。
    A. 成人视角   B. 两代人对话对比的视角
    C. 儿童视角   D. 少年作者的视角

27. 第二次工业革命期间,自然科学的新发展开始同工业生产紧密结合。为人类进入电气时代分别在理论和实践上做出了重大贡献的人物是( )。
   A. 牛顿、法拉第
   B. 法拉第、西门子
   C. 门捷列夫、马可尼
   D. 巴斯德、卡尔

28. 如果他勇于承担责任,那么他就一定会直面媒体,而不是选择逃避;如果他没有责任,那么他就一定会聘请律师,捍卫自己的尊严。可是事实上,他不仅没有聘请律师,而且现在逃得连人影都不见了。根据以上陈述,可以得出以下哪项结论( )。
   A. 即使他没有责任,也不应该选择逃避。
   B. 虽然选择了逃避,但是他可能没有责任。
   C. 如果他有责任,那么他应该勇于承担责任。
   D. 他不仅有责任,而且他没有勇气承担责任。

29. 马克思在《关于费尔巴哈的提纲》中指出,人的本质是一切社会关系的总和。这一表述主要运用的思维方法是( )。
   A. 抽象与概括
   B. 分析与综合
   C. 归纳与演绎
   D. 分类与比较

二、材料分析题(本大题共3小题,每小题14分,共42分)

阅读材料,并回答问题。

30. **材料:**

有调查显示,有81%的小学生对考试感到非常忧虑;63%的孩子担心会受到教师惩罚;44%的学生曾经有过被体罚的经历,并且男生比例比女生高;73%的儿童曾被教师体罚过。此外,绝大多数的学生都对沉重的家庭作业怨声载道。而压力过大就最终造成:超过1/3的学生每周至少一次头疼或者腹痛,最严重者一周有4次身体疼痛或不适。专家称,一味讲求竞争和有错必罚的教育理念带来的是学生精神过于紧张,对其心理健康造成影响,而减轻不必要的压力则势在必行。

问题:

试从教师职业理念的角度,谈谈如何解决案例中所反映的问题。(14分)

31. 材料：
马小君曾是某矿务局第一小学学生，尽管学习起来有点吃力，但一至三年级，他一直是快乐活泼的。从四年级开始，马小君变了。他的父母发现，他回家后常躲在屋里哭泣，问他为什么，他却始终不肯说出原因。

某一天下午班会课上，因为没有按要求带校服，班主任焦老师让马小君站到讲台前，摘掉眼镜。当着全班同学的面，马小君被连打几个耳光。打完后，马小君流着泪一直站到放学。

马小君的父母得知此事后十分震惊，要求学校调查处理。学校就此事开展了调查，当着家长的面，询问马小君被打的经过。"四五年级被打过40次，六年级上学期被打过十七八次"，焦老师"打脸、打背、打手、踢腿"。上四年级时，焦老师把马小君叫到办公室，打他的脸，把眼镜打掉，镜框裂了。"还有一次，我没有完成作业，老师打完我后，让我回家补作业，我跑到焦化厂的地下室补完作业。"

问题：

从教师职业道德的角度，分析材料中教师的行为存在的问题。（14分）

32. 材料：
　　一辈子总是待在舒适的温室里，再是宝鼎香浮，锦衣玉食，也会弱不禁风，消化不良的；一辈子总是离不开家的一步之遥，再是严父慈母、娇妻美妾，也会目光短浅，膝软面薄的。青春时节，更不应该将自己的心像锚一样过早地沉入窄小而琐碎的泥沼里，沉船一样跌倒在温柔之乡，在网络的虚拟中和在甜蜜蜜的小巢中，酿造自己像龙须面一样细腻而细长的日子，消耗着自己的生命，让自己未老先衰变成一只蜗牛，只能够在雨后的瞬间从沉重的躯壳里探出头来，望一眼灰蒙蒙的天空，便以为天空只是那样的大，那样的脏兮兮。（节选自肖复兴《年轻时应该去远方》）

问题：
请从语言运用的角度对画线句子作赏析。（14分）

三、写作题(本大题 1 小题,50 分)

33. 阅读下面的材料,根据要求写一篇文章。

杜鲁门新当选美国总统,记者采访其母亲:"你有这样的儿子,你一定很自豪。"杜鲁门的母亲回答:"是的。不过,我还有一个儿子,同样让我骄傲,他现在正在地里挖土豆。"

根据上述材料,用规范的现代汉语写一篇议论文。

要求:

(1)题目自拟,字数不得少于800字;(2)文章论点鲜明,有说服力;(3)文章富有逻辑效果;(4)文章论据充分,论证方法得当。

综合素质(小学)
全真模拟与预测试题 2

注意事项：

考试时间为120分钟，满分150分。

一、单项选择题（本大题共29小题，每小题2分，共58分）

1. 李老师认为学生成绩好就什么都好，王老师却认为关注成绩的同时还应关注学生的思想品德和身体发展等方面。李老师和王老师的观点分别体现了（ ）。
   A. 全面发展和素质教育　　　　　B. 全面发展和道德教育
   C. 素质教育和道德教育　　　　　D. 应试教育和全面发展

2. 从教师个体职业良心形成的角度看，教师的职业良心首先会受到（ ）。
   A. 社会生活和群体的影响
   B. 教育对象和同事的影响
   C. 教育法规和政策的影响
   D. 教育规律和原则的影响

3. 陶行知说："你的教鞭下有瓦特，你的冷眼里有牛顿，你的讥笑中有爱迪生。"这句话说明教师应当（ ）。
   A. 公平公正地对待学生，扬长避短
   B. 尊重学生人格，关注个体差异
   C. 观察与研究学生，发现学生特长
   D. 严格要求学生，关注学生学习

4. 陈老师在某小学工作20多年，他对每一个教案都有详细的分析，包括教案设计的指导思想，教学实施过程中的变化情况，发生变化的原因与结果，以后改进的建议等，因而总能够使自己的教学工作充满活力和生机。从教师角色角度分析，陈老师扮演的是（ ）。
   A. 学生发展的指导者
   B. 沟通学生与社会的中介者
   C. 学生学习的支持者
   D. 教育教学实践的研究者

5. 李老师在某县实验小学工作多年，是该校资格最老、职称最高、荣誉最多的老教师。刚从大学毕业的小王老师很希望拜她为师，以促进自己的专业发展。但李老师说："我年纪大了，对新生事物也不敏感，你还是跟其他老师学吧。"李老师的做法（ ）。
   A. 缺乏团队合作精神　　　　　B. 缺乏专业发展意识
   C. 能够尊重信任同行　　　　　D. 鼓励同事自我更新

6. 王老师在学校工作多年，拥有娴熟的教学技能，能够妥善地处理课堂中的各种突发问题，而且也能针对不同类型的学生采取不同的教育教学方法。此外，王老师经常鼓励、指导年轻老师，通过与其他教师沟通交流反思自身。根据伯林纳的理论，王老师的专业发展属于（ ）。
   A. 熟练阶段　　　　　　　　　B. 胜任阶段
   C. 骨干阶段　　　　　　　　　D. 专家阶段

7. 为了更好地了解学生，施老师在平时会注意观察和研究学生，而且也会私自翻看学生的日记、信件等。施老师的行为侵犯了学生的（ ）。

A. 受教育权　　　B. 人格尊严权　　　C. 荣誉权　　　D. 隐私权

8. 以下属于我国现行的教育法律法规的是(　　)。
①《学生伤害事故处理办法》；②《儿童权利公约》；③《中华人民共和国教师法》；④《中华人民共和国预防未成年人犯罪法》
A. ①②③　　　B. ①③④　　　C. ②③④　　　D. ①②④

9. 根据《中华人民共和国教育法》的规定,担任我国学校的校长,必须同时达到下列条件(　　)。
①具有我国国籍；②拥有硕士学位；③在我国境内定居；④具有国家规定的任职条件
A. ①②③　　　B. ①③④　　　C. ②③④　　　D. ①②④

10. 童童今年9周岁,父亲坚持不让他上学,觉得上学没多大意思。学校老师多次劝说无果。童童父亲的行为违反了(　　)。
A.《中华人民共和国宪法》　　　B.《中华人民共和国教育法》
C.《中华人民共和国义务教育法》　　　D.《中华人民共和国教师法》

11. 下列情形不在《中华人民共和国教师法》(第37条)规定"由所在学校、其他教育机构或者教育行政部门给予行政处分或者解聘"的情形(条款)内的是(　　)。
A. 故意不完成教育教学任务给教育教学工作造成损失的
B. 教学方法不当,导致教学质量低下的
C. 体罚学生,经教育不改的
D. 品行不良、侮辱学生、影响恶劣的

12. 某学校为了提高学生的成绩,以及提高小升初的竞争力,分设重点班和非重点班。这种情况,根据相关教育法律法规应责令限期改正,其相关责任部门是(　　)。
A. 县级人民政府
B. 县级人民政府教育行政部门
C. 省级人民政府
D. 省级人民政府教育行政部门

13. 殷老师特别喜欢学习,不仅上班的时候积极听老教师的课,而且在业余时间自修研究生课程,还潜心研究教学法。她虽然很年轻,但是已经连续三年当选教学能手了。这体现了殷老师(　　)。
A. 具有终身学习的理念
B. 具有考研究生的理想
C. 关爱学生,爱岗敬业
D. 志存高远,乐于奉献

14. 教师履行教育义务时,最主要的和最基本的道德责任是(　　)。
A. 依法教学　　　B. 教书育人　　　C. 爱岗敬业　　　D. 团结协作

15. 万老师脾气急躁,有一次小夏给同学取绰号,而且拒绝认错并与万老师发生冲突,万老师情急之下打了小夏一巴掌。小夏的母亲第二天来学校找万老师了解情况。万老师最合适的做法是(　　)。
A. 跟家长说自己是为了教育小夏同学,拒绝道歉
B. 首先道歉,然后与家用一起讨论如何教育小夏
C. 认为家长无理取闹,不予理睬
D. 与家长争吵,建议家长把小夏领回家

16. 小李是刚踏入教师队伍的新教师,他着急的时候说话会变得有些结巴,遭到学生和一些老师的耻笑。如果你是小李的同事,你会(　　)。
A. 这是小李的事情,不笑话他,但也想不到办法来帮助他

B. 当老师连话都说不利落,说明小李不适合做老师
C. 告诉小李自己也曾有过同样的情况,并把自己的经验告诉他
D. 在小李结巴的时候,告诉小李结巴得很厉害,是不行的

17. 唐代韩愈提出"以身立教",才能"其身亡而其教存"。这在教师职业道德中是指(　　)。
    A. 学而不厌,诲人不倦　　　　　　B. 关爱学生,因材施教
    C. 以身作则,为人师表　　　　　　D. 爱岗敬业,终身学习

18. 李老师与小明父母沟通时指出小明的英语成绩不好,暗示自己可以课后给小明补课。这实际上违背了教师职业道德中的(　　)。
    A. 爱岗敬业　　B. 依法执教　　C. 严谨治学　　D. 廉洁从教

19. 我国现存年代最早的一首用文字谱记写的琴曲是(　　)。
    A.《碣石调·幽兰》　　　　　　　B.《广陵散》
    C.《高山流水》　　　　　　　　　D.《梅花三弄》

20. 汉字的演变过程正确的是(　　)。
    A. 甲骨文、小篆、金文、隶书、楷书、行书
    B. 金文、甲骨文、小篆、隶书、楷书、行书
    C. 甲骨文、金文、小篆、隶书、楷书、行书
    D. 甲骨文、金文、小篆、隶书、行书、楷书

21. 下列选项中,对诗歌理解不正确的是(　　)。
    A. 孔子认为,诗具有兴、观、群、怨四种作用
    B. 诗歌是世界上最古老、最基本的文学形式
    C. 古代诗歌按内容分为叙事诗、山水诗、科学诗、咏物诗四类
    D. 长律一般都是五言诗,只有四句的叫绝句

22. 动物小说《第七条猎狗》的作者是(　　)。
    A. 董洪秋　　B. 刘先平　　C. 沈从文　　D. 沈石溪

23. 历史学家们认为,"17世纪后期科学革命的胜利为启蒙运动提供了先决条件"。据此判断,启蒙运动在科学思想方面最重要的先驱是(　　)。
    A. 达尔文　　B. 牛顿　　C. 拉瓦锡　　D. 法拉第

24. 油画《向日葵》的作者是后印象派大师(　　)。
    A. 德加　　B. 高更　　C. 梵·高　　D. 塞尚

25. 明清"四大声腔"中产生于江西的声腔是(　　)。
    A. 海盐腔　　B. 余姚腔　　C. 弋阳腔　　D. 昆山腔

26. 在"首届京剧旦角最佳演员"的评选中,选出了四位大师,被誉为京剧"四大名旦"。其中包括梅兰芳、程砚秋、尚小云和(　　)。
    A. 荀慧生　　B. 常香玉　　C. 王汉伦　　D. 阎立品

27. 某童话塑造了一个永葆童真、拒绝长大的人物形象,因此该童话在中国被翻译成为《永不长大的孩子》。这个童话是(　　)。
    A.《长袜子皮皮》　　　　　　　　B.《企鹅旅行记》
    C.《彼得·潘》　　　　　　　　　D.《木偶奇遇记》

28. 三班的一次联欢活动有学生没有参加,小明、小马、小丹、小珍中有一个人没有参加,其他人都参加了,老师在询问时,他们做出如下回答。小明说:"小马没来。"小马说:"我不但参加了,而且还表演了节目。"小丹说:"我晚来了一会儿,但是直到晚会结束才

走。"小珍说:"如果丹丹来了,那就是我没来。"如果他们中只有一个人说了谎,则以下哪项成立( )。

A. 小珍没参加　　　B. 小马没参加　　　C. 小丹没参加　　　D. 小明没参加

29. 国际金融安全、气候变化、粮食及能源资源安全、重大传染性疾病等全球性问题交织上升,给世界和平与发展带来的严峻挑战是任何一个国家或国家集团都无法单独承担的,必须由世界各国团结协作、共同应对。对此,大众传媒应该担负起在国际关系中弘扬民主、和睦、协作、共赢精神的崇高使命,成为各国人民之间相互沟通、交流、理解、合作的桥梁。在尊重事实、报道真相、增进了解、倡导理性、扩大共识这些最基本的传播职能上,各国媒体必须超越意识形态差异,秉持客观公正的理念,抛弃狭隘自私的心态。然而,当今国际新闻传播秩序显然没做到这些。这段文字意在说明的是( )。

A. 弘扬民主、和睦、协作、共赢精神是大众传媒的崇高使命
B. 全球化时代呼唤自由公正的国际新闻传播新秩序
C. 人类的共同利益要求各国加强合作
D. 经济全球化的深入发展使人类面临的共同挑战越来越凸显

二、材料分析题(本大题共3小题,每小题14分,共42分)

阅读材料,并回答问题。

30. 材料:

突然,从窗外传来一阵急促的"嘀嘟——嘀嘟——"声,这声音犹如一块巨石落入平静的水面,教室里顿时喧闹起来。紧接着,像有谁下了一道命令:"向左看齐",所有的学生都向左边看去。这是怎么回事,还没等老师喊出话来,坐在靠窗边的同学已经站起来,趴在窗台上向外张望,其他的同学更是着急,他们有的站在椅子上,有的一蹦一跳,脖子伸得老长,平时上课就坐不住的索性冲出座位,涌到窗前。他们你扯着我,我推着他,争先恐后地向外张望——原来是两辆红色的消防车由南向北从窗前驶过……

下面是2位教师的做法:

A老师灵机一动,便放了原来的教学内容,而让同学把刚才的所见、所闻、所想说出来,写下来。结果,同学们个个情绪高涨说得头头是道,写得也很精彩,乐得老师满脸堆笑。

B老师面对以上情境板起面孔,维持纪律,让学生回到座位上,继续原来的教学。而学生却余兴未止,沉浸在刚才的氛围中……B老师不愿意放弃原来的教学内容,否则他认为自己没有完成教学任务。

问题:

请从教师职业理念角度评析A、B教师的教学行为。(14分)

31. 材料：

某校班主任李老师在批改作业时，发现学生高某的作业本中夹了一封写有某某收的信件，李老师顺便拆封阅读了此信。这是高某写给某一位女同学的求爱信，李老师看了十分生气，后来在班会上宣读了此信，同时对高某提出了批评。次日高某在家留了一张字条后离家出走。高某家长找到李老师理论并要求将高某找回。李老师解释说："我作为教师，对学生进行教育和管理是我的职责，我批评高某是为了教育和爱护他。他是从家中出走的，与我的工作没有关系。"

问题：

试从教育法律法规角度分析李老师的行为。（10分）

32. 材料：

① 看到你们这一支以应用科学作为自己专业的青年人的队伍，我感到十分高兴。我可以唱一首赞美诗，来颂扬应用科学已经取得的进步；并且无疑地，在你们自己一生中，你们将把它更加推向前进。我所以能讲这样一些话，那是因为我们是生活在应用科学的时代和应用科学的家乡。但是我不想这样来谈。我倒想起一个娶了不称心的妻子的小伙子。当人家问他是否感到幸福时，他回答说："如果要我说真心话，那我不得不扯谎了。"

② 我的情况也正是这样。试设想，一个不很开化的印第安人，他是否不如通常的文明人那样丰富和幸福？我想并不如此。一切文明国家的儿童都那么喜欢装扮成"印第安人"玩，这是值得深思的。

③ 这样了不起的应用科学，它既节约了劳动，又使生活更加舒适，为什么带给我们的幸福却那么少呢？坦率的回答是，因为我们还没有学会怎样正当地去使用它。

④ 在战争时期，应用科学给了人们相互毒害和相互残杀的手段。在和平时期，应用科学使我们生活匆忙和不安定。它没有使我们从必须完成的单调的劳动中得到多大程度的解放，反而

使人成为机器的奴隶;人们绝大部分是一天到晚厌倦地工作着,他们在劳动中毫无乐趣,而且经常提心吊胆,唯恐失去他们那一点点可怜的收入。

⑤ 你们会以为在你们面前的这个老头子是在唱不吉利的反调。可是我这样做,目的无非是向你们提一点忠告。如果你们想使你们一生的工作有益于人类,那么,你们只懂得应用科学本身是不够的。关心人的本身,应当始终成为一切技术上奋斗的主要目标;关心怎样组织人的劳动和产品分配这样一些尚未解决的重大问题,用以保证我们科学思想的成果会造福人类,而不致成为祸害。

⑥ 在你们埋头于图表和方程时,千万不要忘记这一点。

(选自爱因斯坦《给青年们的一封信》)

问题:

(1) 文章第②自然段,作者提到"不很开化的印第安人",有何用意?(5分)

(2) 概括"在你们埋头于图表和方程时,千万不要忘记这一点"中加点词"这一点"的内容,并联系社会现实,谈谈你的思考。(9分)

三、写作题(本大题1小题,50分)

33.阅读下面的材料,根据要求写一篇文章。

德育就是用"爱"推动青少年前进的风帆,用"善"润滑青少年生命前进的车轮,用"美"沐浴青少年飞翔的双翼,用"真"照耀青少年生命成长的大道。美好的使命自然使德育成为最有魅力的教育。我们要让青少年明白生命是美丽的,是神圣的,是伟大的,应该享受生命,体悟生命,热爱生命,保护生命,珍惜生命,捍卫生命的尊严,激发生命的潜能,并且要努力提升生命的价值。我们要让青少年懂得在内心世界打下亮丽的底色的意义,引导他们过精神生活,去追求真善美,去追求自己生命价值的最佳体现。

请根据上述材料,用规范的现代汉语写一篇议论文。

要求:

(1)题目自拟,字数不得少于800字;(2)观点明确,分析具体;(3)条理清楚,语言流畅;(4)论据充分,方法得当。

综合素质(小学)
全真模拟与预测试题 3

注意事项:

考试时间为120分钟,满分150分。

一、单项选择题(本大题共29小题,每小题2分,共58分)

1. 董老师上课时,小明总爱举手,但是答题经常出错;小强不爱举手,但是点名提问时却总能答对。下列的做法中,董老师最合适的选择是(　　)。
   A. 表扬小明爱举手,批评小强不发言
   B. 批评小明总出错,批评小强不发言
   C. 批评小明总出错,表扬小强爱思考
   D. 启发小明多思考,鼓励小强多举手

2. 五(3)班学生做完早操回到教室,忽然班长王某发出"哎哟"的叫声。张老师询问之后发现原来有人在几个班干部的凳子上钉了几个钉子。这时,张老师应该(　　)。
   A. 立即查找肇事者
   B. 让同学们把钉子敲平整,先上课然后处理
   C. 幽默带过,开始上课
   D. 让班干部自我反思

3. 有人说:"素质教育就是全面发展的教育。"以下能正确说明素质教育与全面发展的关系的是(　　)。
   A. 素质教育是全面发展的理论依据
   B. 全面发展是素质教育的具体落实和深化
   C. 全面发展与素质教育的教育目的不同
   D. 素质教育是全面发展教育的具体落实和深化

4. 片面追求升学率的现象是与我国社会主义初级阶段的教育目的相背离的。下列选项中不利于克服这种消极现象的是(　　)。
   A. 深化教育体制改革
   B. 积极推进高考制度的改革
   C. 加速开展素质教育,废止考试制度
   D. 加大新一轮的基础教育课程改革的力度

5. 小明性格活泼,上课坐不住,不但成绩落后还影响其他同学。但是小明的口头表达能力很强,李老师抓住这个特点,让小明参加演讲比赛,并取得了一些成绩,同时也让他意识到上课认真听讲有助于丰富他的演讲素材。李老师的行为遵循了人身心发展的(　　)。
   A. 差异性　　　　　　　　　　B. 不均衡性
   C. 阶段性　　　　　　　　　　D. 顺序性

6. 张老师重视上好每一堂课,关心班级大小、时间、压力等问题。根据富勒和布朗的理论,张老师的专业发展进入了(　　)。

A. 关注情境阶段 　　　　　　　B. 关注自我阶段
C. 关注他人阶段 　　　　　　　D. 关注学生阶段

7. 各省、自治区、直辖市的人民代表大会和它们的常务委员会制定的《义务教育实施条例》属于（　　）。
   A. 自主性的地方教育法规
   B. 执行性、补充性的地方性教育法规
   C. 教育行政法规
   D. 教育（行政）规章

8. 张老师是四(8)班的班主任，她对工作认真负责，对学生严格要求。如果学生在上课时吵闹或者不认真听讲，她就会命令学生在教室外站几分钟，如果还吵闹，那么可能会站一节课。张老师的做法侵犯了学生的（　　）。
   A. 受教育和教学权 　　　　　B. 名誉权和健康权
   C. 隐私权和荣誉权 　　　　　D. 人身自由权

9. 《中小学班主任工作规定》要求所有班主任要把班主任工作（　　）。
   A. 当作"主业" 　　　　　　　B. 看作日常管理工作
   C. 看作教学的补充 　　　　　D. 看作德育工作

10. 某镇上需要修建体育馆，镇政府下发文件让每个公职人员都参加集资。镇中心小学的校长没有经过教职工的同意，直接从教师工资中扣除了一部分钱进行集资。对此，下列说法正确的是（　　）。
    A. 校长办事积极果断，工作能力强
    B. 侵犯了教职工的获取劳动报酬权
    C. 违反了国家要求的不得对学校和教师乱摊派的规定
    D. 侵犯了教职工的个人财产自主权

11. 收留夜不归宿的未成年人，应当征得其父母或者其他监护人的同意，或者及时通知其父母或者其他监护人、所在学校或者及时向公安机关报告。其中规定的时限是（　　）。
    A. 8小时内 　　　　　　　　B. 12小时内
    C. 24小时内 　　　　　　　 D. 48小时内

12. 某小学校长为了提高学生的成绩以及小升初的竞争力，提出连续两个月成绩排名倒数的班级，扣除其班主任的工资，连续三个月成绩排名倒数的，则解聘该班的班主任。被解聘的班主任不服，希望向相关部门提出申诉，这个部门应当是（　　）。
    A. 当地县教育局 　　　　　　B. 当地县人民政府
    C. 地市教育局 　　　　　　　D. 省教育厅

13. 对违法犯罪的未成年人，实行教育、感化、挽救的方针，坚持（　　）。
    A. 教育为主，惩罚为辅 　　　B. 惩罚为主，教育为辅
    C. 教育与惩罚并用 　　　　　D. 不教育也不惩罚

14. 下列说法或做法中不符合《中小学教师职业道德规范》中的"教书育人"规定的是（　　）。
    A. 学习教育的新理念，主动改变育人模式
    B. 积极开展教学改革，提高课堂教学质量

C. 严格执行教学方案,照搬教材以及教参
D. 激发学生创新精神,促进学生全面发展

15. 刘老师家庭负担重,父母体弱多病,妻子下岗在家,孩子要读书。于是用假名在培训机构上课,挣点钱补贴生活。这种行为( )。
   A. 可以,不影响正常教育教学工作即可
   B. 可以,刘老师可以在业余时间做任何事
   C. 不可以,刘老师无权到培训机构上课
   D. 不可以,刘老师的这种行为违反了教师职业道德

16. 朱老师是三(2)班的班主任,兼上两个班的语文课,还是教科室主任,负责全校的科研工作。但是,不管工作压力多大,事务有多繁杂,学生有多少问题,朱老师始终保持积极的工作态度,用微笑面对每一个同学。这体现了朱老师( )。
   A. 职业心理健康   B. 身体素质良好
   C. 教学水平高超   D. 学科知识丰富

17. 要求一个人在单独活动、无人监督时,也能坚持自己的道德信念,自觉地按照一定的道德原则和道德规范去行动,而不做任何不道德的事。这种使道德修养达到最高境界的途径和方法是( )。
   A. 自省   B. 慎独
   C. 他律   D. 自律

18. 班主任沈老师用考试分数给学生排名次,并把它作为安排、调整座位和评先推优的唯一标准。这有违现行《中小学教师职业道德规范》要求教师( )。
   A. 爱国守法   B. 爱岗敬业
   C. 关爱学生   D. 教书育人

19. 下列是我国古代的一些历史文化名人,其中属于两汉时期的是( )。
   ①老子;②屈原;③华佗;④孔子;⑤李斯;⑥孙武;⑦张衡;⑧董仲舒
   A. ①⑤⑦   B. ②⑥⑧
   C. ③⑦⑧   D. ③④⑤

20. 下面中国古代诗人与其艺术风格对应不符的是( )。
   A. 李白,唐代著名浪漫主义诗人——风格豪放飘逸
   B. 高适,唐代著名边塞诗人——诗歌雄浑质朴、苍劲悲壮
   C. 白居易,唐代著名山水田园诗人——诗歌情趣恬静悠闲,风格清新淡远
   D. 杜甫,唐代著名现实主义诗人——风格沉郁顿挫

21. 1938年,德国科学家在用慢中子轰击铀核时,首次发现了原子核的裂变现象,并放出新的中子。这位科学家是( )。
   A. 哈恩   B. 查德威克
   C. 卢瑟福   D. 麦克斯韦

22. 雕塑《大卫》的作者是( )。
   A. 达·芬奇   B. 米开朗琪罗
   C. 拉斐尔   D. 鲁本斯

23. 下列对人物及其贡献的表述不正确的是( )。

A. 凯恩斯撰写了《国富论》,使经济学成为一门独立学科。
B. 孟德尔发现遗传学定律,为遗传因子理论奠定了框架基础。
C. 冯·诺依曼开创了现代计算机理论,其体系结构沿用至今。
D. 法拉第发现电磁感应定律,并据此发明了早期的发电机。

24. 雨果晚年描写法国资产阶级大革命的最重要的长篇小说是( )。
A.《悲惨世界》　　　　　　B.《海上劳工》
C.《九三年》　　　　　　　D.《笑面人》

25. 虎山长城遗址除一号台址发现很少的残砖之外,其他地方均没有发现城砖。虎山村及其附近村庄也没有从长城上拆下城砖用于民房建筑的情况,由此可以判断,虎山长城用砖是极少的。上述推测还需要隐含的假设是( )。
A. 当地县志记载虎山长城是夯土筑成。
B. 虎山长城遗址附近没有发现古砖窑。
C. 此地山高坡陡,城砖难以运进。
D. 此地土质极差,不适于烧制长城用砖。

26. 唐高宗李治在位时期完成了一部极为重要的法典,全面体现了中国古代法律制度的水平、风格和基本特征,成为中华法系的代表性法典,对后世及周边国家产生了极为深远的影响。这部法典是( )。
A.《武德律》　　　　　　　B.《贞观律》
C.《唐律疏议》　　　　　　D.《永徽律疏》

27. 世界上现存最早的有确切日期的雕版印刷品是( )。
A.《地藏经》　　　　　　　B.《金刚经》
C.《大藏经》　　　　　　　D.《道德经》

28. 某公司所有的销售人员都是男性,所有的文秘都是女性,所有的已婚者都是文秘,公司的总经理尚未结婚。据此,我们可以知道( )。
A. 总经理是男性
B. 已婚者中有男性
C. 女员工可能有未婚者
D. 销售人员中有的已经结婚

29. 自然资源稀缺,产权就非常重要。因为产权明确,人们再也不会超负荷放牧。到发达国家农牧业地区看过的人都知道,分割牧场使用的都是铁丝网,这全是君子界线,堵不住小人。但是在一个法制的社会,这种防君子、不防小人的界线,是具有法律权威的。难怪有一本书说铁丝网是19世纪人类社会十大发明之一。下面不符合这段话所表达的意思的是( )。
A. 产权的划分要有法律来保障。
B. 铁丝网只有在法制社会才起作用。
C. 法律能约束君子但不能约束小人。
D. 产权明确可以防止自然资源的过度开发。

二、材料分析题(本大题共3小题,每小题14分,共42分)

阅读材料,并回答问题。

30. **材料:**

陈老师是五年级某班的新班主任。组建班委会是让他感到头疼的一件大事,因为既要选举出能起表率作用、具有一定管理能力的班干部,又要适当照顾那些性格内向、自卑、需要锻炼的学生。在观察中陈老师发现,有个女学生很特别:性格孤僻,不敢与人正视,总是一个人发呆。通过和家长的沟通,陈老师了解到该生在之前活泼、开朗,曾经担任过班上的宣传委员,学习名列前茅,尤其擅长作文。但在一次学校组织的班级黑板报评比中,她负责的黑板报名落孙山,遭到以前班主任三番五次的严厉批评,这种打击直接影响到她的学习。在随后的考试中,由于她成绩不理想,班主任又旧话重提,并以"你做什么都不行"为由撤掉了她宣传委员的职务。这使她受到了极大的心理刺激,学习成绩每况愈下,并经常自责,整天生活在忧郁和自卑的阴影中无法自拔。在这次安排班委的过程中,尽管陈老师苦口婆心地动员、鼓励,但她执意拒绝担任宣传委员。为此,陈老师有意将宣传委员的位置空缺,并宣布:暂时没有发现合适人选,待学期结束后根据同学们的成绩和表现进行公开选举,希望大家抓住这个机会。在此后的日子里,陈老师多次暗地里给她创造机会:把她的演讲稿、学习心得等多次在班上进行展示,并在学校广播站广播。她所拍摄的有关宣传环保的图片被报社采用,作文也获得了学校的"新蕾奖"。陈老师发现她渐渐变得开朗起来,愿意主动和同学交流了,也能听到她天真、爽朗的笑声了,不知不觉中她逐渐恢复了久违的自信。第二个学期初,在全体同学的掌声中她再次站到了宣传委员的位置上。

问题:

请从教师职业理念角度分析该班主任的行为。(14分)

31. 材料：

学校划分了卫生包干区，班级有了打扫操场的任务，刚开始学生还很勤奋，拿着扫把一阵飞舞。后来就没人愿意下去了，尤其到了冬天，手拿着竹子做的扫把，太冷，就更少有人愿意打扫操场了。看到这种情况，张老师早上带头下去扫操场，当然，还有几个学生是被张老师叫去或者主动去帮的。每天，当大家扫完操场，带着一些微汗，面色红润走进教室，面对全班学生的时候，张老师总是大声对同自己一起打扫操场的同学说："劳动使我们快乐，我为你们自豪!"现在每天早上，早来的男生争先恐后地下去打扫操场，大家从中享受到了劳动的乐趣。

问题：

(1) 请从教师职业道德角度分析张老师的行为。(8分)

(2) 你从材料中得到什么启示？(6分)

32. 材料：

老街两边，一溜儿开有十多家古玩店。珍宝斋的门店在老街的最里面。老板姓赵，做这一行已经有20多年了。赵老板内行，眼力好。据说，好东西只要打他眼前一过，没有看走眼的。

一次，老街有家店收了一件钧瓷，吃不准货色。半条街的人都看过了，但谁也不敢拍板下结论。店主亲自出马，恭恭敬敬地请赵老板赏脸，过去给看一眼。赵老板热心，当即过去，反复把玩了，淡淡地说："收着。"

店主心中一喜，禁不住颤声问："能收？"

赵老板朗声道："能收！"后来，那件钧瓷出手，价钱竟然翻了10倍。自此，赵老板名声日隆。

但是，新近开张的云芳斋的李老板却偏不信这个邪。李老板的店原本开在省城，不知怎么一时兴起，在小镇开了一家分店。他初来乍到，想干一件露脸的事，好在老街尽快站稳脚跟。

这天，珍宝斋来了个外乡人。看打扮，像是落难之人。一进店，那人便掏出一个精巧的盒子，说盘缠儿不够了，身上有块玉，想换俩钱花。伙计打开盒子，一看，心里一惊，赶忙一溜小跑，把正在后院竹椅上闭目养神的赵老板请了过来。

赵老板拿过那盒子，看了一下玉，又盖上盒子，端详良久，问卖家："想淘换多少钱？"

卖家说："少说也得这个数。"说着，伸出五根手指。

赵老板不语，站起身来，踱了几步，站定，对着卖家伸出了三根手指。

卖家摇摇头，固执地伸出五根手指，神色凝重地说："这可是家传的宝贝，低于这个数，免谈。"

"收了。给客人添茶。"赵老板微微皱了皱眉头，不动声色地吩咐道。客人走后，赵老板拿了盒子，低声嘱咐了伙计几句，然后不紧不慢地踱着方步，回后院品茶去了。

卖家出了古玩街，在镇上拐了几个弯，又掉头，一闪身进了云芳斋的后院。伙计远远地看得仔细，回来向赵老板汇报。赵老板低头沉思良久，叹了口气，说："这个李老板，不怎么地道啊！"

隔天，李老板和街上的几个店主来到宝斋，进门便嚷道："听说贵店新近收了件好东西，拿出来，让大家开开眼！"

赵老板拱手道："小玩意儿而已，不值一提。"见赵老板不肯拿出玉，李老板暗自得意，忍不住大声嚷嚷："赵老板，您不让我们开眼，莫非您这一次走了眼，收了个拐货？"

赵老板干咳一下，默不作声。李老板愈发得意起来："呵呵，想不到，老街赫赫有名的赵老板，也有看走眼的时候。"

这可关系到珍宝斋的声誉，连伙计都急了，赵老板依旧笑而不答。

李老板恣意取笑一番之后，领着一群人得意洋洋而去。伙计实在忍不住了，说："老板，您怎么一句话也不说啊？莫非咱们真的着了人家的道，收了个赝品？"

赵老板粲然一笑，说："玉的确不怎么样，但盒子实实在在是个好东西。上等的古檀香木，名家雕刻的纹饰。你说，究竟是谁走眼了？"伙计明白过来，心里那块石头终于落了地。他不解地问："既然如此，你为何不说，羞辱李老板一番呢？以其人之道，还治其人之身！"

赵老板长叹一声，说："都在这个圈子里混饭吃，得饶人处，且饶人吧！"

一个月后，珍宝斋做成了一笔买卖，一个雕工精良的古檀香木盒子卖了个好价钱，整条老街都轰动了。

不久，老街的人发现，云芳斋的牌子在夜里悄悄摘掉了，店面转给了一个本地人。

(文章选自王伟峰作品《走眼》,略有删改)
问题:
(1)赵老板在鉴定钧瓷时,小说先用"淡淡",后用"朗声"来描写他的神态,反映了人物怎样的心理?(3分)

(2)小说结尾处,李老板为什么会悄悄摘牌走人?(3分)

(3)这篇小说为什么要用"走眼"做题目?(4分)

(4)结合赵老板这一人物形象分析作品主旨。(4分)

三、写作题(本大题1小题,50分)

33. 阅读下面的材料,根据要求写一篇文章。

痕　迹

把每一个黎明看作生命的开始
把每一个黄昏看作生命的小结
让每一个这样短短的生命
都能为自己留下一点儿可爱的事业的脚印
和你心灵得到实质的痕迹

这首小诗能引发你怎样的思考？请选择合适的角度用规范的现代汉语写一篇不少于800字的文章。

要求：

(1)自选角度,明确立意,自拟题目；(2)观点明确,分析具体；(3)除诗歌外文体不限；(4)条理清楚,语言流畅；(5)论据充分,方法得当。

综合素质(小学)
全真模拟与预测试题 4

注意事项:

考试时间为120分钟,满分150分。

一、单项选择题(本大题共29小题,每小题2分,共58分)

1. 有人说,在科技高速发展的今天,随着网络教育、远程教育的进一步发展,机器将最终取代教师。但是,教师始终有机器教学所没有的优势,这就是人格的优势。有人这样评价教师人格的作用,"教师人格对于年轻的心灵来说,是任何东西都不能代替的最有用的阳光。"这句经典名言的作者是"俄国教师的教师"( )。
   A. 苏霍姆林斯基   B. 马卡连柯   C. 凯洛夫   D. 乌申斯基

2. 教师的根本任务是( )。
   A. 教人做人   B. 教书育人   C. 教育研究   D. 教好功课

3. 班主任王老师在学生吵闹时总是拿教鞭敲桌子,同学们就会立即安静下来。后来班长在老师不在时也会拿教鞭敲桌子以让大家安静。出现这样的情况是因为学生具有( )。
   A. 依赖性   B. 示范性   C. 背师性   D. 向师性

4. 在我国全面发展教育的组成部分中,保证发展的方向和保持动力作用的是( )。
   A. 德育   B. 智育   C. 体育   D. 美育

5. 在同一教育环境下,有的学生可能是学业上的失败者,但却是歌唱的成功者;有的学生可能是数学学习的失败者,但却是语文学习的佼佼者;有的学生需要教师的帮助才能成功,有的学生可以通过自己尝试成功;有的学生可能是前半堂课的失败者,但却是后半堂课的成功者。因此,为了使每个学生都得到发展,教师要做到( )。
   A. 承认差异,引导学生   B. 尊重学生,信任学生
   C. 研究学生,了解学生   D. 关爱学生,维护学生

6. 王老师是一名新教师,没有丰富的教学经验和娴熟的教学技术。但是王老师在教学后及时对课堂教学的教学感受、教学情景、教学反馈信息等进行记录、总结、反思,找出存在的问题和不足,并有针对性地修改和完善教学方案。他入职三年间取得了很高的教学实绩。由此可以判断王老师属于( )。
   A. 批判型教师   B. 反思型教师
   C. 经验型教师   D. 研究型教师

7. 《中华人民共和国教育法》颁布与开始实施的时间分别是( )。
   A. 1995年3月18日和1995年7月1日   B. 1995年3月18日和1995年9月1日
   C. 1995年3月18日和1995年9月10日   D. 1995年8月13日和1995年9月1日

8. 《中华人民共和国义务教育法》(新修订的)规定,义务教育的实施体制是( )。
   A. 国务院领导,市级人民政府统筹规划实施,县级人民政府为主管理
   B. 省政府领导,县级人民政府统筹规划实施,乡(镇)级人民政府为主管理
   C. 市政府领导,县级人民政府统筹规划实施,乡(镇)级人民政府为主管理
   D. 国务院领导,省级人民政府统筹规划实施,县级人民政府为主管理

9. 小刚今年6岁,原本应该于9月份上小学一年级。但由于其身体状况不佳在家调养,需要延缓入学,其父母应当提出申请。该申请的批准部门是( )。

A. 小刚户口所在地的学校
B. 乡镇人民政府或者县级人民政府教育行政部门
C. 市级人民政府或者乡镇人民政府教育行政部门
D. 市级人民政府或者县级人民政府教育行政部门

10. 三年级学生小丁和小明放学后在操场上玩耍。在嬉戏过程中,小丁突然掉进了一处打开的下水管道内,致使其全身多处受伤。在该事故中,学校责任适用的主要归责原则是( )。
    A. 连带责任原则   B. 无过错责任原则
    C. 过错责任原则   D. 公平原则

11. 《学校卫生工作条例》规定,小学生每天学习时间(包括自习)不得超过( )。
    A. 4小时   B. 5小时
    C. 6小时   D. 8小时

12. 我国首次以法律形式确定教师资格制度为我国教师职业许可制度的法律文件是( )。
    A. 1985年《中共中央关于教育体制改革的决定》
    B. 1986年《中华人民共和国义务教育法》
    C. 1993年《中华人民共和国教师法》
    D. 1995年《教师资格条例》

13. 教育部印发《中小学班主任工作条例》是为了加强中小学班主任工作,充分发挥班主任在教育学生中的重要作用,进一步推进未成年人的( )。
    A. 安全保护工作   B. 生命健康教育
    C. 思想道德建设   D. 遵纪守法意识

14. 加强教师职业道德修养,其核心是( )。
    A. 教育观念教育   B. 理想信念教育
    C. 职业道德教育   D. 在职培训教育

15. 在2008年修订的《中小学教师职业道德规范》中对新形势下师德规范提出的新要求是( )。
    A. 关爱学生   B. 爱国守法
    C. 终身学习   D. 为人师表

16. 体现传统师德非常重视严于律己、为人师表的名言是( )。
    A. 吾日三省吾身   B. 见贤思齐焉
    C. 三人行必有我师   D. 学而时习之

17. 有很多小学生家长反映,自己的孩子非常听老师的话,甚至把老师说的话奉为"圣旨",而对父母的教诲则听不进去或持怀疑态度,家长表示非常无奈。为此,教师应该( )。
    A. 告诉孩子老师和家长的话都是对的,都应该听
    B. 减少家校互动的活动频率以避免分歧
    C. 尊重家长,多和家长沟通,与家长携手做好教育工作
    D. 督促家长,让家长成为自己的"助教",配合自己的工作

18. 张老师为了提高教学成绩,要求全班学生自费购买他指定的辅导用书。关于张老师的

做法下列选项中,正确的叙述是( )。
   A. 是行使教学研究和学术交流的权利
   B. 指导学生的学习和发展的权利
   C. 自由选择的教科书的规定
   D. 违反了《中小学教师职业道德规范》中为人师表的规定

19. 19世纪法国著名作家雨果曾经说过:"总有一天,到那时,所有的欧洲国家都将紧紧地融合在一个高一级的整体里。"能体现雨果的预言成真的是( )。
   A. 联合国   B. 世界贸易组织   C. 欧洲联盟   D. 亚太经合组织

20. 在中国儿童文学人物形象长廊里活跃着一群独特的"红色少年"群体,他们勇敢投身革命乃至战争,以血与火洗礼自己的童年。下列文学形象中不属于"红色少年"的是( )。
   A. 张嘎   B. 闰土   C. 雨来   D. 海娃

21. 毛笔是中国的一种传统书写工具,是汉民族对世界艺术宝库提供的一件珍宝。依据制笔的原料不同,可以将毛笔分为羊毫笔、狼毫笔、紫毫笔、兼毫笔等几种。其中,"狼毫笔"和"紫毫笔"的原料分别取自( )。
   A. 狼和兔子   B. 狼和鼠   C. 狼狗和山羊   D. 黄鼠狼和兔子

22. 有一幅著名的绘画作品,有人看了这幅画,"恍然如入汴京,置身流水游龙间,但少尘土扑面耳"。这幅名画是( )。
   A. 顾恺之《洛神赋图》   B. 吴道子《送子天王图》
   C. 张择端《清明上河图》   D. 李公麟《山庄图》

23. 下列有关天文知识的表述,正确的是( )。
   A. 开普勒制成人类历史上第一台天文望远镜,并证实了哥白尼的日心说
   B. 四象青龙、白虎、朱雀、玄武分别代表东、西、南、北四个方向
   C. 世界最早的哈雷彗星记录是《诗经》中的"鲁庄公七年星陨如雨"
   D. 月食发生时地球、月球、太阳在一条直线上,且月球居中

24. 下列有关文学常识的表述正确的一项是( )。
   A. 清代最杰出的传奇作家和作品是洪升的《桃花扇》和孔尚任的《长生殿》,这两部作品的思想性和艺术性都有较高成就,成为清代传奇发展的顶峰
   B. 宋末诗人文天祥,一生致力于国事,诗文洋溢着坚贞不屈的爱国情怀,其《正气歌》中的诗句"人生自古谁无死,留取丹心照汗青",一直被后人传诵
   C. "三曹"之首的曹操,开创了以"建安风骨"著称的新风气。鲁迅称他是"一个改造文章的祖师"
   D. 散曲是曲的一种体式,在戏剧作品中,供状物叙事之用,是戏剧作品的有机组成部分。著名的散曲作家有关汉卿、马致远、张养浩等

25. 张仲景是东汉名医,被后世尊称为"医圣",他的著作记载有"人工呼吸法",奠定了中医治疗学的基础。该著作是( )。
   A.《千金方》   B.《伤寒杂病论》   C.《黄帝内经》   D.《神农本草经》

26. 著名唐代文学家韩愈在《师说》中说道:"师者,所以传道、授业、解惑也。"其中,"道"是指( )。
   A. 礼乐   B. 礼法   C. 天理   D. 仁义

27. 水分是生命的基础。下列生物中含水量最高的是（　　）。
    A. 水母　　　　B. 海藻　　　　C. 西瓜　　　　D. 河虾

28. 主要分析事物"是什么""为什么""有多少"三个问题的分析方法是（　　）。
    A. 定性分析、因果分析、定量分析　　　B. 定性分析、定量分析、因果分析
    C. 系统分析、因果分析、定量分析　　　D. 定量分析、系统分析、定性分析

29. 下列语句中含有比喻和比拟两种修辞方法的一句是（　　）。
    A. 他确乎有点像一橡树，坚壮、沉默，而又有生气。
    B. 春天像小姑娘，花枝招展的，笑着，走着。
    C. 感时花溅泪，恨别鸟惊心。
    D. 月光如流水一般，静静地泻在这一片叶子和花上。薄薄的青雾浮起在荷塘里。叶子和花仿佛在牛乳中洗过一样；又像笼着轻纱的梦。

二、材料分析题（本大题共3小题，每小题14分，共42分）

阅读材料，并回答问题。

30. 材料：

五(1)班有位同学叫葛春晓，她心胸开朗，无论干什么都很投入，但是缺少对成功的体验——没有得到过什么奖状或荣誉。于是，班主任李老师故意安排她多做一些能胜任的工作，如承办班级的手抄报、黑板报，参加运动会，当课代表等。果然，孩子有第一次成功，接着便有了第二次、第三次……

寒假开学后，葛春晓没有到校。李老师决定去家访一趟。葛春晓欣喜地请老师到屋里。屋里摆设简陋，墙上却赫然张贴着从去年以来她获得的所有奖状、喜报和获奖证书。她爷爷告诉李老师："她爸爸腿有病，但为了糊口，到外地打工去了。临走时，不想让她上学。可这孩子真想念书啊。"她眼泪汪汪地说："爷爷，求您向我爸爸说说情，让我上学吧，这两年您不知道我学得多有劲啊。"她指着墙上的奖状数着："去年我得了学习进步奖，我办的黑板报和手抄报每次都得第一名。那一次，老师还让我主持元旦联欢会，今年我又被评为优秀少先队员、优秀课代表……我也知道家里穷。爷爷，每天中午我都回家吃饭，不用花钱，要交的杂费、书本费，学校还照顾咱一部分。"听着孩子的诉说，李老师心里酸酸的，眼泪不听话地流了下来。她出门前跟老人家说："您放心，孩子有这份热心，我会帮助她的。"葛春晓终于回到了学校。她没有辍学，主要是她的多次成功赋予了她战胜困难的信心和力量。

问题：
试从学生观的角度，评析李老师的教育行为。（14分）

31. 材料：
一位教师的自白："我是某学校的一个普通教师，月工资两千多元，一年的总收入差不多就是三万多元。可是看到身边的那些暴发户，人家什么都有，房子、车子、票子……即使我几年不吃不喝，也无法跟别人相比。无奈之下，我开始利用业余时间'走穴'兼职，卖给学生辅导材料，办补习班、全托班，搞有偿家教，赚取一些额外收入。我是在搞好本职工作的前提下从事业余兼职工作的，我并没有违背自己的职业道德。在日常教学工作中，我遵守规章制度，执行学校的教学计划，按时完成教育教学的工作任务。"

问题：
试从教师职业道德角度评析这位教师的做法。（14分）

32. 材料：

谈生命（节选）
冰心

我不敢说生命是什么，我只能说生命像什么。

生命像向东流的一江春水。他聚集起许多细流，合成一股有力的洪涛，向海奔注，一路上他享受着他所遭遇的一切；有时候他遇到崎岩前阻，他愤激地奔腾了起来，直到冲倒了这危崖他才心平气和地一泻千里，有时候他经过细细的平沙，看见了夹岸的红艳的桃花。他快乐而又羞怯，轻轻地度过这一段浪漫的行程，这时他只想憩息，只想睡眠，而那股前进的力量，仍催逼着他向前走……终于有一天，他远远地望见大海。啊！他已到了行程的终结，大海庄严地伸出臂儿来接引他，他一声不响地流入她的怀里。他消融了，归化了，说不上快乐，也没有悲哀！也许有一天，他再从海上蓬蓬的雨点中升起，飞向西来，再形成一道江流，再冲倒两旁的石壁，再来寻夹岸的桃花。

然而我不敢说来生，也不敢信来生！

生命又像一棵小树，他从地底聚集起许多生力，在冰雪下延伸，在早春润湿的泥土中，勇敢快乐地破壳出来。他遇着骄奢的春天，他也许开出满树的繁花，蜂蝶围绕着他飘翔喧闹，小鸟在他枝头欣赏唱歌;他长到最茂盛的中年,他伸展出他如盖的浓荫,来荫庇树下的幽花芳草;他结出累累的果实,来呈现大地无尽的甜美与花的骄傲,也不是结果的快乐,而是成功的宁静和怡悦!终于有一天,他无力地在空中旋舞,在根下呻吟,大地庄严地伸出臂儿来接引他,他一声不响地落在她的怀里。他消融了,归化了,他说不上快乐,也没有悲哀!也许有一天,他再从地下的果仁中,破裂了出来。又长成一棵小树,再穿过丛莽的严遮,再来听黄莺的歌唱。

然而我不敢说来生,也不敢信来生。

宇宙是一个大生命,我们是宇宙大气中之一息。江流入海,叶落归根,我们是大生命中之一叶,大生命中之一滴。不是每一道江流都能入海,不流动的便成了死湖;不是每一粒种子都能成树,不生长的便成了空壳!生命中不是永远快乐,也不是永远痛苦,快乐和痛苦是相生相成的。在快乐中我们要感谢生命,在痛苦中我们也要感谢生命。快乐固然兴奋,苦痛又何尝不美丽?

(摘自《青年文摘》2001年第3期)

问题:

(1)"我不敢说来生,也不敢信来生"这句话在文中的含意是什么?(6分)

(2)文章结尾说,"在快乐中我们要感谢生命,在痛苦中我们也要感谢生命。"为什么在快乐和痛苦中都要感谢生命?(8分)

三、写作题(本大题1小题,50分)

33. 阅读下面的材料,根据要求写一篇文章。

兔子是历届小动物运动会的短跑冠军,可是不会游泳。一次兔子被狼追到河边,差点被抓住。动物管理局为了小动物的全面发展,将小兔子送进游泳培训班,同班的还有小狗、小龟和小松鼠等。小狗、小龟学会游泳,又多了一种本领,心里很高兴;小兔子和小松鼠花了好长时间都没学会,很苦恼。培训班教练野鸭说:"我两条腿都能游,你们四条腿还不能游?成功的90%来自于汗水。加油!嘎嘎!"

根据上述材料,写一篇议论文。

要求:

(1)字数不得少于800字;(2)文章论点鲜明,有说服力;(3)文章富有逻辑效果;(4)论据充分,论证方法得当。

综合素质(小学)
全真模拟与预测试题 5

注意事项:

考试时间为120分钟,满分150分。

一、单项选择题(本大题共29小题,每小题2分,共58分)

1. 人们在一生中所受到的各种培养的总和,它包括一切教育活动、一切教育机会和教育的一切方面。它是( )。
   A. 素质教育　　　　B. 终身教育　　　　C. 应试教育　　　　D. 回归教育

2. 我国全面发展教育的组成部分是( )。
   A. 高等教育、中等教育、初等教育、学前教育
   B. 正规教育、业余教育、普通教育、职业教育
   C. 德育、智育、体育、美育和劳动技术教育
   D. 知识技能、过程方法、情感态度价值观教育

3. 下列各项与"素质教育"的含义最相接近的是( )。
   A. 博雅教育　　　　　　　　　　　　B. 应试教育
   C. 全面发展教育　　　　　　　　　　D. 终身教育

4. 子路对孔子说:"先生所教的仁义之道,真是令人向往!我所听到的这些道理,应该马上去实行吗?"孔子说:"你有父亲兄长在,你怎么能听到这些道理就去实行呢!"过了一会儿,冉有也来问同样的问题,孔子却说:"应该听到后就去实行。"孔子采用的教育方法是( )。
   A. 循序渐进　　　　　　　　　　　　B. 因材施教
   C. 启发教学　　　　　　　　　　　　D. 五育并举

5. 苏联著名教育家苏霍姆林斯基说过:"要十分关切地对待孩子的内心世界,不可粗暴地把自己的意见强加于他们,要耐心地听取他们的意见,以平等待人的态度参加他们的争论。"这说明教师对学生要( )。
   A. 平等,民主,尊重　　　　　　　　B. 关爱,积极,合作
   C. 民主,合作,容忍　　　　　　　　D. 平等,容忍,热情

6. "十年树木,百年树人"体现了教师职业的( )。
   A. 个体性　　　　　　　　　　　　　B. 复杂性
   C. 长期性　　　　　　　　　　　　　D. 创造性

7. 阳光小学六年级4班最近进行了一次座位大调整。班主任根据第一学期的成绩,安排班级学习成绩位于前20名的学生坐在教室靠前的位置,一些纪律差且学习成绩位于后20名的学生则安排坐在教室的后面。班主任的这种做法违背了教师职业道德中的( )。
   A. 爱岗敬业　　　　　　　　　　　　B. 教书育人
   C. 关爱学生　　　　　　　　　　　　D. 为人师表

8. 我国第一次从法律上确认教师社会地位的专业性和神圣性的法律是( )。
   A.《中华人民共和国宪法》　　　　　B.《中华人民共和国教育法》
   C.《中华人民共和国义务教育法》　　D.《中华人民共和国教师法》

9. 刘某2014年参加教师资格考试,由于作弊而被取消考试资格。根据我国相关教育条例规定,刘某最早可以参加教师资格考试的时间是( )。

A. 2016 年 　　　　　　　　　　　　B. 2017 年
C. 2018 年 　　　　　　　　　　　　D. 2019 年

10. 沈某是某小学的英语教师,为了进一步提高自己的教育教学能力,沈某向学校申请参加市里为教师举办的"教学技能专题培训",为期一个月。该小学以课时紧张为由不予批准沈某的要求。该校侵犯了教师的(　　)。
    A. 进修培训权 　　　　　　　　　　B. 学术研究权
    C. 教育教学权 　　　　　　　　　　D. 报酬待遇权

11. 小罗是某小学的语文老师。为了进一步提升自己,他向学校申请接手班主任的工作。学校为了让小罗了解班主任工作的基本要求,应该给他推荐的规章性文件是(　　)。
    A.《中小学班主任工作规定》　　　　B.《中小学班主任工作规程》
    C.《中小学班主任工作办法》　　　　D.《中小学班主任工作条例》

12. 某小学安排学生在危房里上课,此行为主要违反了(　　)。
    A.《中华人民共和国教育法》　　　　B.《中华人民共和国未成年人保护法》
    C.《中华人民共和国义务教育法》　　D.《中华人民共和国教师法》

13. 小李是位爱美的小学女老师,总爱穿高跟鞋和短裙来学校上课,衣服也总是一天一套,一个月不会重复。小李还总在班上跟女生说,女孩子学习好不重要,只要嫁得好就好。小李的言行引起了学生的反感。小李违反了教师职业道德中的(　　)。
    A. 敬业爱业,遵纪守法 　　　　　　B. 尊重学生,合作交流
    C. 修身厚德,为人师表 　　　　　　D. 沟通协作,积极引导

14. 教师进行人格修养最好的策略是(　　)。
    A. 取法乎上 　　B. 取法乎中 　　C. 取法乎下 　　D. 无法即法

15.《中小学教师职业道德规范》规定教师要"爱岗敬业",教师要做到"三个认真"。"三个认真"不包括(　　)。
    A. 认真备课 　　　　　　　　　　　B. 认真批改作业
    C. 认真辅导学生 　　　　　　　　　D. 认真和学生交流

16. 教师的劳动特点(或职业特性)决定教师必须(　　)。
    A. 为人师表 　　B. 廉洁从教 　　C. 爱国守法 　　D. 终身学习

17. 教师通过"择其善者而从之,其不善者而改之"来加强职业道德修养属于(　　)。
    A. 提高理论修养,提高自身觉悟水准　　B. 坚持自律和他律相结合
    C. 注意内省、慎独,加强回顾和总结　　D. 勇于实践锻炼,增强情感体验

18. 根据 2009 年出台的《中小学班主任工作规定》,班主任工作量的计算方式是按当地教师标准课时工作量的(　　)。
    A. 四分之一计算 　　　　　　　　　B. 三分之一计算
    C. 二分之一计算 　　　　　　　　　D. 同等量计算

19. 奥运会不仅是一种体育现象,也是一种文化现象,奥林匹克运动以竞技的形式,将不同肤色、不同文化背景的民族紧密联系在一起,对人类的社会活动,对人类的文明产生了深刻的影响。被称为"奥运之父"的是(　　)。
    A. 拉图尔 　　B. 维凯拉斯 　　C. 普兰克 　　D. 顾拜旦

20. 西班牙的一项研究显示,人在说谎时鼻尖部位温度会上升,这一现象被称为"匹诺曹效

应"。"匹诺曹"的形象来自于童话故事( )。
A.《木偶奇遇记》 B.《彼得·潘》
C.《小淘气尼古拉》 D.《小布头奇遇记》

21. 干支纪年法是中国历法上自古以来就一直使用的纪年方法。天干是"甲、乙、丙、丁、戊、己、庚、辛、壬、癸",地支是"子、丑、寅、卯、辰、巳、午、未、申、酉、戌、亥"。2000年是庚辰年,则2008年是( )。
A. 丁亥年　　　B. 戊子年　　　C. 壬寅年　　　D. 己卯年

22. 京杭大运河是世界上里程最长、工程最大的古代运河,也是最古老的运河之一,与长城、坎儿井并称为中国古代的三项伟大工程。京杭大运河最早的河段史称邗沟,始建于( )。
A. 春秋　　　　B. 秦朝　　　　C. 隋朝　　　　D. 唐代

23. 有一部电影在1993年荣获法国戛纳国际电影节最高奖项金棕榈大奖,成为首部获此殊荣的中国影片,此外还获得了美国金球奖最佳外语片奖、国际影评人联盟大奖等多项国际电影奖项。该影片是( )。
A.《卧虎藏龙》 B.《霸王别姬》
C.《大红灯笼高高挂》 D.《我的父亲母亲》

24. 下列生物进化顺序中不正确的是( )。
A. 原始藻类→原始苔藓植物→原始蕨类植物→原始种子植物
B. 原始生命→单细胞动物→原始无脊椎动物→原始节肢动物
C. 鱼类→爬行类→两栖类→哺乳类
D. 南方古猿→直立人→智人→现代人

25. 取材于特洛伊战争的传说,与《奥德赛》组成希腊伟大史诗《荷马史诗》的经典作品是( )。
A.《伊利亚特》　B.《俄瑞斯忒亚》　C.《俄狄浦斯王》　D.《普罗米修斯》

26. 黄鹤楼位于湖北武汉武昌长江南岸蛇山峰岭之上,始建于三国时代,享有"天下江山第一楼""天下绝景"之称。相传"诗仙"李白登上黄鹤楼诗兴大发正欲作诗时,却因有人"题诗在上头"而自觉"眼前有景道不得"。使得李白为之"搁笔"的这位诗人是( )。
A. 贾岛　　　　B. 陆游　　　　C. 杜甫　　　　D. 崔颢

27. 在19世纪初把原子假说引入了科学主流,并于1803年继承古希腊朴素原子论和牛顿微粒说,提出原子论的科学家是( )。
A. 拉瓦锡　　　B. 道尔顿　　　C. 玻意耳　　　D. 门捷列夫

28. _____对于游戏相当于《祝福》对于_____。填入划横线部分最恰当的一项是( )。
A. 电脑;祥林嫂　B. 鼠标;鲁迅　C. 学习;电视　D. 猜谜;小说

29. 哲学曾经是一种生活方式。所谓苏格拉底的哲学,不只是他和别人对话的方法,以及他在对话中提出的种种理论,更是他不立文字、浪迹街头、四处与人闲聊的生活方式。哲学从一开始就不是一种书面的研究,而是一种过日子的办法。只不过我们后来都忘了这点,把它变成远离日常的艰深游戏。即便是很多人眼中刻板的康德,也不忘区分"学院意义的哲学"和"人世意义的哲学",并且以后者为尊。这段文字意在说明( )。
A. 哲学源于生活,应服务于民众　　　　B. 如今的哲学发展偏离了它的本质
C. 康德和苏格拉底的哲学观念一脉相承　D. 当代人们对哲学的诠释方式发生了改变

二、材料分析题(本大题共 3 小题,每小题 14 分,共 42 分)

阅读材料,并回答问题。

30. **材料:**

某小学三年级的小刚是个智力低下的男孩。他不知道要遵守上课纪律,想说就说,想走出来就走出来了。他也不会表达,只能听懂别人简短的问题,连生活中的常识也分不清。老师们对小刚的我行我素有点发愁,他不但脱离老师的视线,而且还会影响其他小朋友的正常活动。可班主任陈老师却没有放弃,而是非常耐心地与孩子交流。陈老师利用他母亲来校的时间,主动了解小刚在家的情况,空闲的时候留心观察小刚的一举一动,一有机会,就和他聊天,跟他一起玩。渐渐地陈老师发现,要是直截了当地告诉他:你做得不对,应该怎样,他是不会听的,如果你轻轻地在他耳边说两句悄悄话,并用手摸摸他的头,握握他的手,他就会安稳下来。午餐时,陈老师告诉他要多吃蔬菜,不能一味地吃肉,这样身体才会长得更好。每天放学排队离校时,陈老师总是牵着小刚的小手一起走,直到把孩子交到家长手里。小刚的母亲说:"孩子在陈老师班上,我们家长非常放心。"

问题:

请从教师职业道德角度评析陈老师的行为。(14 分)

31. 材料：

下午第一节课上课铃响后,我来到本班教室。班长一见到我就马上对我说:"老师,小A把小B的桌子砸坏了一个角。"怎么又是他惹事,当时我很生气,冲着小A喊道:"你是怎么回事?明天把家长叫来!"因为我还有别的班的课,就匆忙离开了教室。

小A是班里有名的闹将,几乎每位任课教师都向我反映过他的问题。照理说他犯点错误不新鲜,但那天我却觉得他不应该,因为中午我刚刚找他谈过话,当时他非常认真地接受了我对他的批评和提醒,怎么转眼的工夫又开始闹事呢?带着这个疑问,下课后我急急忙忙来到班里对事情的经过进行调查。小A没有否认砸桌子的事,我问为什么,他却不说话。我把他叫到办公室,让他坐下来,语气平和地和他交谈,这时,他才吞吞吐吐地告诉我事情发生的原因,是班长误认为他在上课时写作业,批评了他,他感到很冤枉,而班长平时又与老师的关系不错,小A不好直接反驳他,也不想向老师报告,可还咽不下这口气,就砸了别人的桌子,发泄自己的怨气。我了解情况后,对他的错误行为没有采取严厉批评的态度,也没有再让他把家长请来,而是把班长也叫到办公室,让他们两个人面对面化解了误会,并让班长当面把小A的名字从班日志上违反纪律的人名单中划去。这时,我发现,小A先前那种对立、紧张的表情和目光,逐渐变为后悔和感激。他低着头对我说:"老师,我错了,我应该当时就向班长解释清楚,而不应该砸桌子。"说完,他和班长的手紧紧握在一起。通过这件事我对小A有了新的认识,虽然他外表是个行为不羁、时常淘气惹事的孩子,但他的内心有着诚实和良知。

过了一周,我发现讲台上有一个夹子,打开一看,是我们将要学习的英语生词卡片,我问大家,是谁做的好事,一连问了几遍,始终没人回答。有位同学悄悄告诉我是小A做的,我当时心里很是惊讶,立即用赞许的目光看了小A一眼。也许是从未得到表扬的缘故,他的脸马上红了,很不好意思地低下头。对这件事,我组织了全班学生进行大讨论,中心思想就是让大家对小A有一个新的认识,他不是坏孩子,是一名好同学,大家都要向他学习。从此以后,小A完全变了,他不但改掉了自己的坏毛病,而且更加关心集体,特别是文化学习兴趣日渐高涨,上课积极发言,学习成绩提高得很快。

问题：

请从学生观的角度评析该教师的教育行为。（14分）

32. 材料：

　　窗外露台上正摊开一片阳光，我抬起头还可以看见屋瓦上的一片蔚蓝天。好些日子没有见到这样晴朗的天气了。早晨我站在露台上昂头接受最初的阳光，我觉得我的身子一下子就变得十分轻快似的。我想起了那个意大利朋友的故事。

　　路易居·发布里在几年前病逝的时候，不过四十几岁。他是意大利的亡命者，也是独裁者墨索里尼的不能和解的敌人。他没有看见自由的意大利，在那样轻的年纪，就永远闭上了眼睛。1927年春天在那个多雨的巴黎城里，某一个早上阳光照进了他的房间，他特别高兴地指着阳光说，这是一件了不起的可喜的事。我了解他的心情，他是南欧的人，是从阳光常照的意大利来的。见到在巴黎的春天里少见的日光，他又想起故乡的蓝天了。他为着自由舍弃了蓝天；他为着自由贡献了一生的精力。可是自由和蓝天两样，他都没有能够再见。

　　我也像发布里那样的热爱阳光。但有时我也酷爱阴雨。

　　十几年来，不打伞在雨下走路，这样的事我不知有过多少次。就是在1927年，当发布里抱怨巴黎缺少阳光的时候，我还时常冒着微雨，在黄昏、在夜晚走到国葬院前面卢梭的像脚下，向那个被称为"18世纪世界的良心"的巨人吐露一个年轻异邦人的痛苦的胸怀。

　　我有一个应当说是不健全的性格。我常常吞下许多火种在肚里，我却还想保持心境的和平。有时火种在我的腹内燃烧起来。我受不了熬煎。我预感到一个可怕的爆发。为了浇熄这心火，我常常光着头走入雨湿的街道，让冰凉的雨洗我的烧脸。

　　水滴从头发间沿着我的脸颊流下来，雨点弄污了我的眼镜片。我的衣服渐渐地湿了。出现在我眼前的只是一片模糊的雨景，模糊……白茫茫的一片……我无目的地在街上走来走去。转弯时我也不注意我走进了什么街。我的脑子在想别的事情。我的脚认识路。走过一条街，又走过一条马路，我不留心街上的人和物，但是我没有被车撞伤，也不曾跌倒在地上。<u>我脸上眼睛看不见现实世界的时候，我的脚上却睁开了一双更亮的眼睛。</u>我常常走了一个钟点，又走回到自己住的地方。

　　我回到家里，样子很狼狈。可是心里却爽快多了。仿佛心上积满的尘垢都给一阵大雨洗干净了似的。

　　我知道俄国人有过"借酒淹愁"的习惯。我们的前辈也常说"借酒浇愁"。如今我却在"借雨洗愁"了。

　　我爱雨不是没有原因的。

（选自巴金《雨》）

问题：

（1）请结合全文谈谈对文中画线句子的理解。（6分）

(2)文章以"雨"为题,其内容是以写"雨"为主吗?请简要分析。(8分)

三、写作题(本大题1小题,50分)

33. 阅读下面的材料,根据要求写一篇文章。

孟子云:"君子有三乐,而王天下不与存焉。父母俱存,兄弟无故,一乐也。仰不愧于天,俯不怍于人,二乐也。得天下英才而教育之,三乐也。"

根据上述材料,请围绕"教师的职业幸福"这一主题用规范的现代汉语写一篇议论文。

要求:

(1)题目自拟,字数不得少于800字;(2)观点明确,分析具体;(3)条理清楚,语言流畅;(4)论据充分,方法得当。

综合素质(小学)
全真模拟与预测试题 6

注意事项：

考试时间为120分钟，满分150分。

一、单项选择题（本大题共29小题，每小题2分，共58分）

1. 平时嗓门大的小强在回答问题时声音小，老师批评说："声音那么小，难道你是女孩子么？"全班哄堂大笑，该老师的做法？（　　）。
   A. 合理，有助于促进学生自主学习
   B. 合理，有助于鼓励学生反思
   C. 不合理，未体现对学生的尊重
   D. 不合理，歧视学生的生理缺陷

2. 孙老师给小华写了这样的评语："填空题错一题，其他题全对，能够非常好地运用循环小数的简便记忆等知识。等级评定为优秀。"关于孙老师的做法，下列选项中不正确的是（　　）。
   A. 孙老师以分数作为评价标准
   B. 孙老师关注学生的知识掌握
   C. 孙老师关注学生的学业水平
   D. 孙老师关注学生的学习效果

3. 某校经常组织一些学科教师互相观摩教学，课后针对教学过程展开研讨，提出完善教学的建议。这种做法体现的教师专业发展途径是（　　）。
   A. 进修培训
   B. 同伴互助
   C. 师德结对
   D. 自我研修

4. 焦老师积极参加各种教师培训活动，返校后主动与同事们交流学习心得体会，并将其运用于教学实践。关于焦老师的做法，下列选项不正确的是（　　）。
   A. 体现了终身学习的自觉性
   B. 有利于师生的共同发展
   C. 推动了学校的校本教研
   D. 有助于增进家校合作

5. 某县教育局长马某挪用教育经费建造教育局办公大楼，对于马某应当依法（　　）。
   A. 给予行政处分
   B. 给予行政拘留
   C. 责令其悔过
   D. 责令其赔礼道歉

6. 某校规定：严禁学生携带手机进入教室，一旦发现，将立即没收并予以统一销毁。该规定侵犯了学生的（　　）。
   A. 人身权
   B. 财产权
   C. 隐私权
   D. 名誉权

7. 小学生李某多次违反学校管理制度。对于李某，学校可以采取的管教方式是（　　）。
   A. 收养教育
   B. 强制劝退
   C. 开除学籍
   D. 批评教育

8. 8岁的亮亮是一名孤儿，根据《中华人民共和国未成年人保护法》，应对其履行收留抚养责任的主体是（　　）。
   A. 教育行政部门
   B. 学校教育机构
   C. 儿童福利机构
   D. 社区居民委员会

9. 12岁的王某参与打架斗殴，违反了治安管理规定。对于王某的行为的判断，下列选项中正确的是（　　）。
   A. 依法可以免于处罚
   B. 无须承担法律责任
   C. 可由公安机关予以收容教养
   D. 可由公安机关予以行政拘留

10. 校外人员孔某趁学校门卫疏忽之际,骑摩托车闯入校园,将学生刘某撞伤。对刘某所造成的伤害,应当承担主要责任的是( )。
   A. 门卫   B. 孔某   C. 学校   D. 刘某的监护人

11. 《国家中长期教育改革和发展规划纲要(2010—2020年)》提出,要将减轻中小学课业负担作为教育工作的重要任务。为切实减轻学生课业负担,各级政府可以采取的正确措施之一是( )。
   A. 减少学生课外及校外活动
   B. 加强教辅市场管理,取缔补习机构
   C. 依据升学率对地区的学校进行排名
   D. 调整教材内容,科学设计课程难度

12. 国家机关工作人员陈某因参与小学语文教科书的编写工作,被当地人民政府给予行政记过处分,并处没收全部违法所得。当地人民政府做出这一处分的法律依据是( )。
   A. 《中华人名共和国教育法》   B. 《中华人民共和国教师法》
   C. 《中华人民共和国义务教育法》 D. 《中华人民共和国未成年人保护法》

13. 宋老师发现有的学生将"鸟"和"乌"混淆,就编了首儿歌:"小鸟小鸟有眼睛,没有眼睛看不见。"他创编了很多类似的儿歌,对学生识字有很大帮助。宋老师的做法体现的师德规范是( )。
   A. 廉洁从家   B. 公正待生
   C. 探索创新   D. 举止文明

14. 汪老师在黑板上贴了一个"坏学生"榜:那些爱打闹,不能按时交作业的学生都榜上有名。汪老师的做法( )。
   A. 不合理,没有认真备课上课   B. 不合理,没有尊重学生人格
   C. 合理,体现了严格要求学生   D. 合理,有助于维护教师权威

15. 晓光多次在钢琴比赛中获奖,但不愿意学习文化课程。方老师劝说道:"特长需要保持,可是只有打好文化基础,你才能在音乐道路上走得更远。"方老师的做法( )。
   A. 不合理,不利于学生发展特长
   B. 不合理,违背了学生的兴趣爱好
   C. 合理,学生必须在各个学科领域平均发展
   D. 合理,教师应该关注学生的全面发展

16. 面对违纪学生,个别老师采取罚款的办法,叶老师没有这样做,而是耐心地与学生交流,帮助他们改正缺点。这说明叶老师能够做到( )。
   A. 依法执教   B. 团结协作   C. 尊重同事   D. 终身学习

17. 在太阳系行星中,体积最大的是( )。
   A. 土星   B. 木星   C. 金星   D. 火星

18. 下列关于听力保护的说法,不正确的是( )。
   A. 过多使用耳塞听音乐不会导致听力下降
   B. 过高过强的声音可能损害别人听力
   C. 对着别人耳朵大声叫喊可能损害别人听力
   D. 经常用力地掏耳朵不利于保护自己的听力

19. 第一次世界大战的起始时间是(　　)。
    A. 1840年　　　　B. 1914年　　　　C. 1937年　　　　D. 1945年

20. 下列选项中,不属于《水浒传》故事情节的是(　　)。
    A. 温酒斩华雄　　B. 倒拔垂杨柳　　C. 景阳冈打虎　　D. 醉打蒋门神

21. 下列关于《离骚》的表述,不正确的是(　　)。
    A. 战国时诗人屈原的代表作　　　　B. 我国古代最长的爱情诗
    C. 运用了"香草美人"的笔形手法　　D. 具有积极的浪漫主义精神

22. 下列选项中,被后世尊为我国农耕和医药始祖的是(　　)。
    A. 神农氏　　　　B. 伏羲氏　　　　C. 燧人氏　　　　D. 有巢氏

23. "鸿雁传书"这一典故源自(　　)。
    A. 文姬归汉　　　B. 霸王别姬　　　C. 苏武牧羊　　　D. 楚汉之争

24. 下图所示《自叙帖》被誉为"天下第一草书",它的作者是(　　)。
    A. 王羲之　　　　B. 欧阳修　　　　C. 苏轼　　　　　D. 怀素

25. 下列人物中,既是诗人也是画家的是(　　)。
    A. 李白　　　　　B. 王维　　　　　C. 白居易　　　　D. 李商隐

26. 下图是word所制作文档的一部分,其中剪贴画"青蛙"的文字环绕方式是(　　)。
    A. 四周型环绕　　B. 浮于文字上方　C. 紧密型环绕　　D. 衬于文字下方

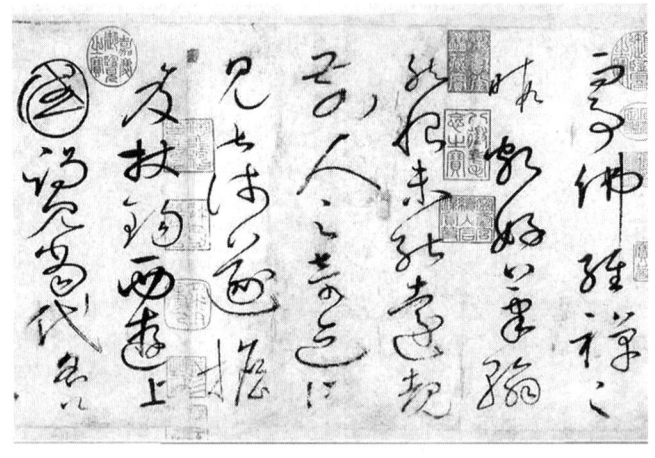

27. 在PowerPoint的空白幻灯片中,不可以直接插入的是(　　)。
    A. 艺术字　　　　B. 声音　　　　　C. 字符　　　　　D. 文本框

28. 在下列选项中,与"没有理想的人生,就不是有意义的人生"意思相同的是(　　)。
   A. 有理想的人生一定是有意义的人生
   B. 有理想的人生会是有意义的人生
   C. 没意义的人生一定是没理想的人生
   D. 有意义的人生未必是有理想的人生

29. 小明面对某饭店大楼惊叹:"嗬,真高,真漂亮啊!"爷爷说:"只有学习好,才能住进这样的高楼。你可要好好学习啊!"小明调皮的说:"那爷爷上学时一定没有好好学习。"下列推导中,小明所使用的是(　　)。
   A. 好好学习,就能住进漂亮的高楼,爷爷没好好学习,所以没住进漂亮的高楼
   B. 不好好学习,就住不进漂亮的高楼,爷爷没好好学习,所以爷爷没住进漂亮的高楼
   C. 只有好好学习,才能住进漂亮高楼,爷爷没住进漂亮高楼,所以他没好好学习
   D. 不好好学习,就住不进漂亮的高楼,爷爷住的是平房,所以他没有好好学习

二、材料分析题(本大题共3小题,每小题14分,共42分)

阅读材料,并回答问题。

30. **材料:**

晓星经常欺负同学,班上的同学都不愿意跟他交朋友。

在一次课外活动中,其他同学都三五成群地玩着,只有晓星一个人待在角落里。马老师悄悄地走过去,对他说:"咱俩一起玩吧!"晓星生硬地问道:"为什么?"马老师蹲下身来,俯在晓星耳边说:"因为我喜欢你啊!"于是,他们俩人玩起了游戏。游戏中,马老师问:"想和大家一起玩吗?那就大声招呼大家来吧!"因为有老师的参与,同学们很快围拢过来。这一次晓星和同学们一起玩得很开心。

过后,马老师仔细观察晓星的行为,了解他与同伴相处的困难所在。马老师发现,其实晓星很想和同学们一起玩,就是不知道怎么和他人相处,欺负同学只是想引起老师和同学们的注意而已。

马老师组织开展以"交朋友"为主题的班会活动,在活动中教给晓星与人正确交往的方法,并鼓励班干部主动与晓星交往。在老师和全班同学的帮助下,晓星渐渐地不再欺负同学了,并有了自己的好朋友。

问题:

请从学生观的角度,评析马老师的教育行为。(14分)

31. 材料：

一天中午，晓轩突然在教室里大叫起来："陈老师，我新买的钢笔不见了！"这时，很多同学把怀疑的目光转向小明，有的想要打开他的书包检查。小明一边说"我没拿"，一边推开同学们的手。我大概知道是怎么回事了，因为之前班上同学们丢的几件东西都是在小明那里找到的，所以现在同学们都怀疑他。我安慰一下晓轩，然后让大家安静下来，说："晓轩的钢笔肯定会找回来的，现在大家先安心上课吧。"

中午，小明悄悄来到办公室，递给我一支钢笔。我问小明："这是晓轩的钢笔吗？"他点头。我又问他："你为什么拿她的钢笔呢？"他说："这支钢笔很漂亮。"我说："东西再漂亮也是别人的，没有经过别人同意，不能拿别人的东西，你知道吗？"小明惭愧地点点头。

通过调查我发现，小明平时去亲朋好友家里，想要什么东西都可以随便拿，久而久之，养成了"顺手牵羊"的坏毛病。就此，我多次和小明的父母沟通，要求家长不要溺爱孩子，帮助孩子认识到不是自己的东西不能随便拿。

我还在班上组织班会活动，让大家熟练掌握向别人借东西的礼貌用语。

经过不断努力，小明终于改掉了乱拿别人东西的不良习惯。

问题：

请从教师职业道德的角度，评析陈老师的教育行为。（14分）

32. **材料：**

每年夏天，被冰层覆盖的格陵兰岛大部分地区几乎整日被太阳照射，在很多冰盖上，特别是那些低海拔地区，融冰沿着冰盖表面流动，并聚集成深蓝色的池塘或湖泊。不同于我们能够畅游其中的湖泊，这些水体能够在眨眼之间就消失不见。例如，在一个比全球最大室内体育场——新奥尔良超级穹顶体育场大上十几倍的湖泊，能够仅仅在90分钟内就从冰缝中排干所有的水。

研究者们已经分散在格陵兰岛各地，从细节上调查这些湖泊会怎样影响冰盖和未来海面。伍兹霍尔海洋研究所的地球物理学家萨拉·达斯说，最近的实地考察研究表明，研究者已经知道，当湖泊突然排空时，融冰会被送往基岩，暂时性地对冰盖向海洋迁移起到润滑作用。科学家们担心，如果这个区域的气候持续变暖，那么湖泊突然排空的现象可能经常发生，并在更大范围的冰盖上出现，那么可能会加速冰盖的崩溃，从而导致海平面上升。

纽约城市大学的冰川学家玛德·德斯科认为，冰盖上的湖泊也会加速冰盖融化：因为湖泊下的冰融化速度比湖泊周围暴露在地面的冰快两倍。今年夏天，德斯科使用一艘远航遥控船只，通过实际测量来解析湖泊的颜色深浅是否与它们的深度有关——这些数据可以帮助研究人员更好地估计卫星图像中地表湖泊的深度，以便更好地预测冰盖的融化速度。加利福尼亚大学洛杉矶分校的地理学家劳伦斯·C.史密斯正在将冰盖融化速度同由融水积聚而成的河流的流动速度进行比较，如果两者相差甚大，那就表示，一部分融水积聚在了冰盖下，这将提升冰流向大海的速度。

问题：

（1）冰盖上的湖泊与普通湖泊的差别是什么？（4分）

（2）请根据文段中的描述，简要分析冰盖上的湖泊会产生的影响。（10分）

三、写作题(本大题 1 小题,50 分)

33. 阅读下面材料,根据要求作文。

有一些话语,因为一些人,或者一些事,变得温暖,让人感动。享受温暖在苦寒的冬天,孕育出春天的繁花似锦。

要求:

请用规范的现代汉语写作。自定立意,自拟题目,自选文体。不少于800字。

综合素质(小学)
全真模拟与预测试题 7

注意事项：

考试时间为120分钟，满分150分。

一、单项选择题(本大题共29小题,每小题2分,共58分)

1. 在教学活动中,教师既要重视学生的知识学习,又要注重学生的品德养成与能力发展,这说明教育具有(　　)。
   A. 全面性　　　　　B. 阶段性　　　　　C. 独立性　　　　　D. 片面性

2. 下列说法中正确的是(　　)。
   A. 只有成绩优良的学生才是好学生
   B. 学生在教学中处于从属的地位
   C. 成绩差的学生也有可能获得成功
   D. 头脑笨的学生怎么教都教不好

3. 万老师教学很认真,经常辛辛苦苦从上课讲到下课,嗓门特别大,被同事戏称为"全天候广播员",可教学效果一直不好,万老师需要反思的是(　　)。
   A. 教学态度　　　　　　　　　　B. 教学方式
   C. 教学目的　　　　　　　　　　D. 教学条件

4. 每次老师提问,小虎总爱抢着回答,但基本上都答错,对此老师应该(　　)。
   A. 引导小虎仔细思考　　　　　　B. 安排小虎多做作业
   C. 批评小虎思考不认真　　　　　D. 对小虎举手置之不理

5. 依据《国家中长期教育改革与发展规划纲要(2010—2020年)》,切实推进义务教育均衡发展,要实行(　　)。
   A. 县(区)域内教师、校长交流制度
   B. 镇(乡)域内教师、校长交流制度
   C. 省(区)域内教师、校长交流制度
   D. 地(市)域内教师、校长交流制度

6. 小刚同学因多次旷课被学校处分,他对学校给予的处分不服,向有关部门提出教育申诉,被申诉人是(　　)。
   A. 校长　　　　　　　　　　　　B. 学校
   C. 书记　　　　　　　　　　　　D. 教育行政部门

7. 某校在期末考试后,将学生的考试成绩排名张榜公布,该校做法(　　)。
   A. 体现了学校的管理权　　　　　B. 体现了学校的教育权
   C. 体现了学生的受教育权　　　　D. 侵犯了学生的隐私权

8. 根据下图,下列选项正确的是(　　)。
   A. 应优先配置重点学校教育资源
   B. 小学可分为重点和非重点学校
   C. 应均衡配置小学之间的教育资源
   D. 应减少重点小学教育资源配置

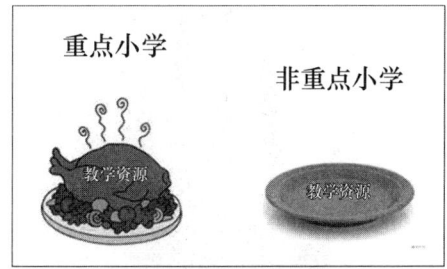

9. 教师李某让班里调皮的学生缴纳违纪金,以加强班级管理,该教师的做法(　　)。
   A. 合法,有助于维护班级秩序　　　　B. 合法,对其他人有警示作用
   C. 不合法,教师没有罚款的权利　　　D. 不合法,学校才有罚款的权利

10. 开烟酒店的张某经常向小学生出售香烟,张某的行为(　　)。
    A. 合法,学生可以自愿购买
    B. 合法,商家有自主经营权
    C. 不合法,家长没委托小学生购买香烟
    D. 不合法,张某不能向小学生出售香烟

11. 小学生周某旷课一天,学校未与其家长联系,该校的做法(　　)。
    A. 合法,是学生违反校规　　　　B. 合法,是家长未尽监护职责
    C. 不合法,学校应派学生出去寻找　　D. 不合法,学校应及时与家长联系

12. 小学生杨某在放学途中,在人行道上被电动车撞伤,对杨某所受伤害,应承担赔偿责任的是(　　)。
    A. 学校　　　B. 车主　　　C. 杨某的监护人　　D. 车主和学校

13. 骨干教师闵老师在年终的同行评测中评分不高,他很郁闷,上课时学生出一点差错他就大发雷霆,闵老师应该(　　)。
    A. 严格待生,专注教学　　　　B. 保持个性,坚持自我
    C. 注重反省,调试自我　　　　D. 迎合同事,搞好关系

14. 每年王老师都给自己制订读书计划,并严格执行。这体现了王老师注重(　　)。
    A. 团结协作　　B. 教学创新　　C. 循循善诱　　D. 终身学习

15. 小红怀疑同桌小刚偷了她新买的文具盒,并报告了老师,老师让班干部搜查小刚的书包和抽屉。小刚再三辩白并拒绝被搜查。该老师的做法(　　)。
    A. 错误,应该充分尊重信任小刚　　B. 错误,应该搜查所有学生的书包
    C. 错误,应不当着学生的面搜查　　D. 错误,应该通知学生、家长后再搜查

16. 李老师在一个学期内对父亲是副乡长的小杜家访了N次,却从未对需要帮助的留守儿童小龙家访过。李老师的做法(　　)。
    A. 符合主动联系家长的要求　　B. 有违平等待生的要求
    C. 符合因材施教的教育要求　　D. 有违严慈相济的要求

17. 下图是1985年德国物理学家伦琴拍下的一张照片,与之相关的科技史事件是(　　)。
    A. 铀的发现　　B. 中子的发现　　C. X射线的发现　　D. 镭的发现

18. 下列关于消防常识的表述,不正确的是(　　)。

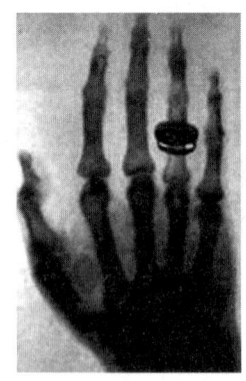

A. 煤气泄露充满室内时,应首先打开门窗通风

B. 当汽车因燃油泄露着火时,应立即用水浇灭

C. 电器因短路着火时,可用干粉灭火器扑灭

D. 当森林发生火灾时,可用覆土方式扑救

19. 文成公主入藏和亲嫁与松赞干布,这一历史事件发生的朝代是( )。
    A. 汉朝　　　　　B. 晋朝　　　　　C. 唐朝　　　　　D. 宋朝

20. 下列作品,不属于高尔基"自传体三部曲"的是( )。
    A.《童年》　　　B.《在人间》　　　C.《母亲》　　　D.《我的大学》

21. 下面这首古代诗歌的作者是( )。

    松下问童子,
    言师采药去。
    只在此山中,
    云深不知处。

    A. 白居易　　　　B. 贾岛　　　　　C. 欧阳修　　　　D. 袁枚

22. 《三字经》中"融四岁,能让梨"的"融"指的是( )。
    A. 孔融　　　　　B. 马融　　　　　C. 苻融　　　　　D. 祝融

23. 下列人物中,相传曾整理《诗》《书》等古代典籍,并删修《春秋》的是( )。
    A. 孔子　　　　　B. 老子　　　　　C. 孟子　　　　　D. 荀子

24. 下列乐器中,不属于中国传统乐器的是( )。
    A. 横笛　　　　　B. 风笛　　　　　C. 箫　　　　　　D. 埙

25. "梁山伯与祝英台"是我国著名的民间传说,多种地方剧种都表现过相关的题材,何占豪、陈钢的小提琴协奏曲《梁祝》的创作,所依据的地方剧种是( )。
    A. 粤剧　　　　　B. 豫剧　　　　　C. 川剧　　　　　D. 越剧

26. 在 Word 中,下列操作中不能实现的是( )。
    A. 在页眉中插入日期　　　　　　B. 建立奇偶页内容不同的页眉
    C. 在页眉中插入分页符　　　　　D. 在页眉中插入剪贴画

27. 在 PowerPoint 中,新建一个演示文稿时第一张幻灯片的默认版式是( )。
    A. 项目清单　　　B. 两栏文本　　　C. 标题幻灯片　　D. 空白

28. 下列选项中,与"植物不可能都是多年生的"意思相同的是( )。

A. 植物可能都不是多年生的　　　　B. 有的植物有可能是多年生的

C. 有的植物必然是多年生的　　　　D. 有的植物必然不是多年生的

29. 甲、乙、丙是北京、上海、重庆人，分别学习法律、金融、外语（课程）。已知：① 乙是重庆人；② 学外语的是北京人；③ 学金融的不是上海人；④ 甲不学金融、丙不学外语。下列推断完全正确的是(　　)。

A. 甲是上海人、学法律　　　　B. 甲是北京人、学外语

C. 丙是北京人、学外语　　　　D. 丙是上海人、学金融

二、材料分析题(本大题共 3 小题，每小题 14 分，共 42 分)

阅读材料，并回答问题。

30. **材料：**

王老师教六年级语文兼班主任，他每天都给学生布置大量作业，其实要批改堆积如山的作业也是一种折磨。他想，学生完成这些作业肯定不轻松。

一天下午放学前，王老师突然想，让学生自己给自己设计一次作业会怎么样呢？就叫"自设作业"吧。当他把这一想法告诉学生时，学生很惊讶，作业还有自己设计的吗？同学们感到既新鲜又激动。

第二天，王老师带着期盼和不安的心情打开了那一份份作业，着实吃了一惊！有"老师，我考考您"，有"小发明介绍"，有"诉说我的烦恼"，有"我喜欢的名人名言"，有主题班会设计方案，有显示个性的硬笔书法，有的干脆是一幅自画像……看着这些丰富多彩的作业，王老师激动不已！这些作业是同学们怀着极大的热情设计的，那里有学生的坦诚和率真，有学生的希望、喜悦、烦恼和困惑，还有他们对美的理解和对是非的判断，这其中闪烁着创造和智慧的火花，是师生之间心与心的交流。当下午放学前王老师把作业本发下去时，同学们一改以往看也不看便塞进书包的习惯，而是迫不及待地翻开作业本，品味着老师批改的一字一句。借此时机，王老师指导学生把"自设作业"和语文学习结合起来。

以后的日子，"自设作业"竟在许多学生的作业中生了根。王老师发现，学生学习语文的兴趣更浓了。

问题：

请从学生观的角度，谈谈你从材料中获得的启示。（14 分）

31. 材料：

小威和小蕊是蒋老师班级的一对孪生兄妹，可是，他们兄妹二人的关系却并不那么融洽，在一篇题为《我的烦恼》的作文中，妹妹小蕊这样写道："我最大的烦恼，便是一直和哥哥在同一个班，在家里的情形已经让我难以忍受了，没想到在学校还是这样！"

看到这段话，蒋老师很是疑惑，找小蕊谈心才明白事情的来龙去脉。因为家里有两个孩子，父母便对他们时时进行比较，引导两人凡事必竞争。每次考试后，成绩好的可以得到表扬和奖励，而落后者却一无所有。小蕊一直很努力，成绩也不错，但大多数时候总落后一点儿。看着哥哥时常获得奖励，而自己却只能生活在哥哥的光环之下，嫉妒开始滋长，并对哥哥产生了一肚子怨气。她固执地认为，如果不是哥哥的存在，所有的好事都是她一人的，哥哥简直太可恶了！

因为嫉妒，无论在家里还是学校，小蕊都变着法子与小威作对，经常搞一些恶作剧。比如把小威写完的作业撕掉，偷偷把他的课本、文具藏起来，在同学中说小威的坏话等。久而久之，两人的关系越来越紧张。看到这对孪生兄妹整天像仇人一样，他们的父母也感到非常苦恼。

蒋老师该怎么做呢？

问题：

请根据教师职业道德的要求，为蒋老师出谋划策。（14分）

32. 材料：

在艺术创作中，往往有一个重复和变化的问题：只有重复而无变化，作品就必然单调枯燥；只有变化而无重复，作品就容易陷于散漫零乱。重复与变化的统一，在建筑物形象的艺术效果上起着极其重要的作用。古今中外的无数建筑，除去极少数例外，几乎都以重复运用各种构件或其他构成部分作为取得艺术效果的重要手段之一。历史上最杰出的一个例子是北京的明清故宫。从天安门到端门、午门是一间间重复着的"千篇一律"的朝房。再进去，太和门和太和殿、中和殿、保和殿成为一组"前三殿"与乾清门和乾清宫、交泰殿、坤宁宫成为一组的"后三殿"的大同小异的重复，就更像乐曲中的主题和"变奏"；每一座的本身也是许多构件和构成部分（乐句、乐段）的重复；而东西两侧的廊、庑、楼、门，又是比较低微的，以重复为主但亦有相当变化的"伴奏"。然而整个故宫，它的每一个组群，每一个殿、阁、廊、门，却全部都是按照明清两朝工部的"工程做法"的统一规格、统一形式建造的，连彩画、雕饰也尽如此，都是无尽的重复。我们完全可以说它们"千篇一律"。但是，谁能不感到，从天安门一步步走进去，就如同置身于一幅大"手卷"里漫步；在时间持续的同时，空间也连续着"流动"。那些殿堂、楼门、廊庑虽然制作方法千篇一律，然而每走几步，前瞻后顾、左睇右盼，那整个景色、轮廓、光影，却都在不断地改变着；一个接着一个新的画面出现在周围，千变万化。空间与时间，重复与变化的辩证统一在北京故宫中达到了最高的成就。

翻开一部世界建筑史，凡是较优秀的个体建筑或者组群，一条街道或者一个广场，往往都以建筑物形象重复与变化的统一而取胜。说是千篇一律，却又千变万化。每一条街都是一轴"手卷"、一首"乐曲"。千篇一律和千变万化的统一在城市面貌上起着重要作用。

(摘编自梁思成《千篇一律与千变万化》)

问题：

(1) 请简要概括重复与变化的辩证统一关系。（4分）

(2) 简要分析北京故宫的建筑在"千篇一律"与"千变万化"结合中取得的艺术效果。（10分）

三、写作题(本大题1小题,50分)

33. 阅读下面材料,根据要求作文。

人和动物最明显的区别之一,就是人类会看书识字,而动物不会看书识字,如果一个人不看书,无疑就接近动物了,也就会失去人的优势。

要求:

请用规范的现代汉语写作。自定立意,自拟题目,自选文体。不少于800字。

综合素质(小学)
全真模拟与预测试题 8

注意事项:

考试时间为120分钟,满分150分。

一、单项选择题(本大题共29小题,每小题2分,共58分)

1. 张老师在小学英语教学中恰当运用英语话剧的形式进行教学,让学生在具体情境中学习英语。张老师的做法( )。
   A. 优化了教学目标　　　　　　　　B. 优化了教学条件
   C. 优化了教学过程　　　　　　　　D. 优化了教学资源

2. 针对"好学生吃不饱,学困生吃不了"的现象,蒋老师在充分了解学生的差异的前提下,将学生分为三个层次,进行分层教学。蒋老师的做法体现了( )。
   A. 诲人不倦　　　　　　　　　　　B. 教学相长
   C. 循循善诱　　　　　　　　　　　D. 因材施教

3. 某小学对学生评优制度进行了改革,增设了"创造之星""孝心少年"等多项荣誉称号,该学校的做法( )。
   A. 不利于端正学生的学习态度
   B. 不利于促进学生的学习
   C. 有利于强化学生之间的竞争
   D. 有利于促进学生的创新精神

4. 某小学要求教师重视教学科研,卢老师抱怨道:"搞研究有什么用?"卢老师的说法( )。
   A. 不正确。教师须服从学校一切安排
   B. 不正确。研究有利于教师专业发展
   C. 正确。小学教师搞研究没用
   D. 正确。研究对应试帮助不大

5. 《中华人民共和国义务教育法》规定,我国中小学校实行( )。
   A. 校长负责制
   B. 校长责任制
   C. 党委领导下的校长负责制
   D. 党委领导下的校长责任制

6. 根据《中华人民共和国教师法》的相关规定,社会力量所办学校教师的待遇( )。
   A. 由教育行政部门确定
   B. 由举办者自行确定,由教育行政部门予以保障
   C. 由教育行政部门确定并予以保障
   D. 由举办者自行确定并予以保障

7. 根据《中华人民共和国教师法》的相关规定,教师有下列哪种情形,可以由所在学校予以行政处分或解聘( )。
   A. 故意不完成教学任务造成损失的

B. 课余时间无偿为学生补课的
C. 教学过程中延长授课时间的
D. 学生管理中严厉对待学生的

8. 12岁的小亮因为家里经济状况不好,放学后到饭店打工,饭店老板了解情况后聘用了他,并为他安排了较为清闲的工作。该饭店老板的做法(　　)。
   A. 合法。有利于改善小亮家庭的经济状况
   B. 合法。有利于锻炼小亮的自立能力
   C. 不合法。任何人不得非法招用童工
   D. 不合法。没有取得小亮监护人的同意

9. 正在读小学六年级的小刚经常无故旷课。依据《中华人民共和国未成年人保护法》的相关规定,学校应当(　　)。
   A. 及时与监护人联系　　　　B. 尊重小刚的选择
   C. 及时通报警方　　　　　　D. 予以开除处理

10. 张某利用未成年人在街头乞讨,依据《中华人民共和国未成年人保护法》的相关规定,对于张某的行为(　　)。
    A. 应当由公安机关依法给予行政处罚
    B. 应当由司法机关依法处理
    C. 应当由未成年人主张自我权利
    D. 应当由社区组织予以制裁

11. 五年级学生小强因被父母责骂,心情低落,老师发现后对其进行了安慰,但小强在课间还是受伤了。下列说法正确的是(　　)。
    A. 学生是在学校受伤的,学校应当承担责任
    B. 学校对学生负有监护义务,应当承担责任
    C. 学生行为属于自伤行为,学校不应承担责任
    D. 学生受伤发生在课间,学校不应承担责任

12. 《国家中长期教育改革和发展规划纲要(2010—2020年)》提出,义务教育(　　)。
    A. 以人为本　　　　　　　　B. 均衡发展
    C. 注重创新　　　　　　　　D. 提升质量

13. 骨干教师华老师教学能力突出,经常一个人钻研教学,这说明华老师缺乏(　　)。
    A. 严于律己的意识　　　　　B. 团结协作的精神
    C. 严谨工作的态度　　　　　D. 敬业爱岗的品格

14. 李老师尽管从教多年,但每次备课依然一丝不苟,同一节课在不同的班级往往采取不同的授课方式。下列对李老师的行为的评析,不恰当的是(　　)。
    A. 因材施教　　　　　　　　B. 严谨治学
    C. 严慈相济　　　　　　　　D. 潜心钻研

15. 下列选项中,不违背教师职业道德规范的是(　　)。
    A. 王老师接收了学生家长赠送的购物卡
    B. 赵老师收到了不少学生制作的贺卡

C. 李老师经常让学生家长开车送其回家

D. 宋老师每天都给学生布置过量练习题

16. 班主任王老师在班上开展"悦读悦享"活动,与同学们同读一本书,经常将自己的"阅读心得"与同学们分享。下列分析不恰当的是( )。

A. 王老师注重师生同读互促,率先垂范

B. 王老师注重营造读书氛围,激趣启智

C. 王老师注重学习,不断提升自我素养

D. 王老师注重公正,对同学们一视同仁

17. "度"是用电量的基本计量单位。一度电可供一只100瓦的电器用电( )。

A. 5 小时   B. 10 小时   C. 20 小时   D. 36 小时

18. 1928年,英国人亚历山大·弗莱明(Alexander Fleming)发现,被污染的金黄色葡萄球菌培养基上生长着一种青霉菌,进而从该霉菌中分离出人类历史上发现的第一种抗生素( )。

A. 链霉素   B. 青霉素

C. 多粘霉素   D. 短杆菌素

19. 印象派绘画代表作之一《日出印象》的作者是( )。

A. 雷诺阿   B. 高更

C. 毕沙罗   D. 莫奈

20. 下列不属于发生在法国大革命时期的历史事件是( )。

A. 攻占巴士底狱   B. 热月政变

C. 通过《人权宣言》   D. 启蒙运动

21. 鲁迅在文学创作、文学批评、文学研究、翻译等多个领域都有贡献,并有相关作品结集流传后世。下列选项中属于其小说集的是( )。

A.《准风月谈》   B.《故事新编》

C.《朝花夕拾》   D.《花边文学》

22. 下列选项中,不属于词集的是( )。

A.《东坡乐府》   B.《稼轩长短句》

C.《白氏长庆集》   D.《白石道人歌》

23. 北京香山饭店是一所融中国古典建筑艺术、园林艺术为一体的酒店,体现了民族建筑艺术的精华。该建筑的设计师是( )。

A. 刘桢   B. 贝聿铭   C. 吕彦直   D. 梁思成

24. 古诗"去年元夜时,花市灯如昼。月上柳梢头,人约黄昏后"中"元夜时"指的传统节日是( )。

A. 元旦   B. 元宵   C. 端午   D. 中秋

25. 下列选项中,不属于中国21世纪科技方面所取得的重要成就的是( )。

A. 世界上首次合成牛胰岛素   B. 超高音速航空器试飞成功

C. "天河一号"超级计算机研制成功   D. "嫦娥三号"探测器在月球软着陆

26. 点击Excel中的"$f(x)$"按钮,可在单元格中插入( )。

A. 文字   B. 数字   C. 公式   D. 函数

27. 下列设置中,能使幻灯片中的标题、图片、文字等按顺序呈现的是( )。
　　A. 设定放映方式　　　　　　　B. 切换幻灯片
　　C. 链接幻灯片　　　　　　　　D. 自定义动画

28. 下列选项中,能够由"李白是文人"和"李白不是商人"必然推出的是( )。
　　A. 有的文人是商人　　　　　　B. 有的文人不是商人
　　C. 有的商人是文人　　　　　　D. 有的商人不是文人

29. 找规律填数字是一种很有趣的游戏,特别锻炼观察和思考能力。数列"1,6,5,9,12,____",空缺处的数字是( )。
　　A. 13　　　　B. 15　　　　C. 17　　　　D. 19

二、材料分析题(本大题共3小题,每小题14分,共42分)

阅读材料,并回答问题。

30. 材料:

　　李老师认为,要让孩子树立自信心,就必须让孩子发现自己的优点。李老师组织学生讨论:"你有哪些优点?"同学们讨论得非常激烈。有的说自己孝顺父母,有的说自己尊敬老师……大家发现原来自己有很多优点呢。这时,一向活泼好动的小明把手举得很高。李老师说:"小明,你有哪些优点?"小明说:"你为什么总是叫我们说优点啊?我爸爸说,每个人都有缺点,我想说缺点。"教室里一下安静了。李老师说:"是的,我们每个人都有优点和缺点。老师也有缺点,请大家围绕小明的观点进行讨论吧!"大家七嘴八舌开始讨论。最后,李老师指出,在发现自己优点的同时,也要正视自己的缺点,改正了缺点,我们就会更强。"

　　课后,李老师在日记里记录了这件事,并打算在合适的时候组织学生举办一次"我的小秘密"讨论活动,让同学们说说自己平时不好意思说出的缺点,并引导他们改掉这些缺点。

问题:

请结合材料,从教育观的角度,评析李老师的教育行为。(14分)

31. 材料：

冯老师针对学生个体差异在班内开设了"读书小报""群星园""精彩作文赏析""我爱发明"等专栏，展示学生作品，激励学生。冯老师还为学生建立了成长档案，记录他们的成长过程，而且把成长档案作为评优的参考。

小华的爸爸是位戍边军人，常年不在家。冯老师将小华的成长档案寄给小华的爸爸。小华的爸爸看到老师寄来的成长档案后非常激动。他给冯老师回信道："感谢老师的悉心培养，小华进步很大，看到孩子成长的点点滴滴，愧疚之余，您的付出难以回报，现寄上边疆的一点土特产，聊表心意！"

冯老师读着小华爸爸的来信很是高兴，随后也收到了小华爸爸寄来的土特产，并以小华爸爸的名义将土特产悄悄地寄给了小华的奶奶。

问题：

请结合材料，从教师职业道德的角度，评析冯老师的教育行为。（14分）

32. 材料：

书籍，可以是生活中的太阳，也可以是生活中的月亮。这样一想，我们就很容易分清两类读书人。

将书籍当作太阳的人，大都在白天读书。他们希望有了书的照耀，生活道路上的艰难可以像冰一样迅速融化，前进的障碍、陷阱可以一一跃过或者躲开。有了书的帮助，他们能看见自己想看的，得到自己想要的，明白自己还想看什么，还想要什么。他们歌颂太阳，只是因为太阳给他们光明；他们喜欢书籍，只是因为书籍帮他们走路。太阳不是闲来无事挂在天上玩的，白天读书的人也不大会读闲书或无用的书。他们只要阳光，只要书中有用的东西。不如此，就感到自己年华虚度，白了少年头，空悲切。

将书籍当作月亮的人，喜欢在晚上读书。日落西山，热气渐消；月上柳梢，银光乍泄；亮起一盏灯，与窗外月光辉映；随手从满架琳琅中抽出一本有趣的书，闲读。夜深人静，步出书房，庭中望月，心静如水。他们知道自己是无用之人，但不计较；他们清楚自己在读无用之书，但还是觉得有趣。他们为轻松而读书，借此摆脱生活的沉重。以书下酒，邀月同饮，个中乐趣不图与人分享，只求书不是盗版，酒不是伪劣，月不是假冒。至于白天的事，万事随缘，由它去吧！

白天读书的人，志在将梦想变为现实；晚上读书的人，意在将追梦变成守望。阳光下读书，梦在书外；月光下读书，梦在书中。

(摘编自胡洪侠《书中日月长》)

问题：
(1) 请结合文本，谈谈"梦在书外"和"梦在书中"的含义。(4分)

(2) "将书籍当作太阳的人""将书籍当作月亮的人"这两类读书人，你更认同哪一类？简要说明理由。(10分)

三、写作题(本大题 1 小题,50 分)

33. 阅读下面的材料,按要求作文。

"跨"是一个动作。《说文解字》:"跨,渡也。"本义为迈腿越过。后又引申为超越时间、地区等界限,例如跨时代、跨区域、跨界……"跨"是一个有动感的汉字,能反映一个人的心境和精神状态,也常常能反映出时代社会的变化。

请你根据上面文字所引发的联想和思考,写一篇文章。

要求:

文体自选,立意自定,标题自拟,不少于800字。

综合素质(小学)
全真模拟与预测试题 9

注意事项:

考试时间为120分钟,满分150分。

一、单项选择题(本大题共29小题,每小题2分,共58分)

1. 六年级的小卢励志未来要做一名外交官。耿老师却和别的老师在背后讥讽小卢说:"英语学成那个样子还想做外交官,哼,做梦去吧!"耿老师的做法忽视了学生是(　　)。
   A. 发展的人　　　　　　　　　　B. 独特的人
   C. 有独立意义的人　　　　　　　D. 有创造性的人

2. 教学工作结束后,小张老师总是把自己在工作中遇到的问题记录下来,并且加以分析,不断总结经验。随着经验的不断积累,小张老师的教学水平越来越出色了。这突出体现了张老师是(　　)。
   A. 教育教学的研究者　　　　　　B. 课程的建设者和开发者
   C. 社区型开放教师　　　　　　　D. 学生学习的促进者

3. 六年级二班班主任张老师总是教育学生说:"作为学生我们不能只做书呆子死啃书本,我们还要积极参加学校的各项课内课外活动,使自己成为一个全面发展的人。"张老师的做法说明张老师具有(　　)。
   A. 敢于创新的思想　　　　　　　B. 素质教育的理念
   C. 应试教育的理念　　　　　　　D. 公平教育的理念

4. 小红是小学三年级的学生,其父母都是农民工。小红虽然学习成绩一直不理想,但是十分努力。教师的下列做法中,最合适的是(　　)。
   A. 劝说小红不要学习了,你的父母都是农民工,你不会有什么前途的
   B. 对小红的任何行为不予理睬
   C. 耐心教导小红,肯定小红的努力,并且教给小红正确的学习方法
   D. 认为小红智商低是遗传的,无论怎样都无法改变学习成绩

5. 某小学校长私自将学校的空房出租出去,自己收取房租。该校长的行为(　　)。
   A. 合法,合理利用学校资源
   B. 合法,有利于学校发展
   C. 不合法,校长无权出租房屋
   D. 不合法,房租应归学校所有

6. 教师经常辱骂学生,导致学生厌学情绪严重,最后轻生。应对教师依法追究(　　)。
   A. 民事责任　　　　　　　　　　B. 刑事责任
   C. 行政责任　　　　　　　　　　D. 全部责任

7. 某县以重点小学的口号招生的行为(　　)。
   A. 正确,有助于学校的发展
   B. 正确,有助于地区的发展
   C. 不正确,破坏了地区平衡
   D. 不正确,不能划分重点与非重点学校

8. 小明的父母天天吵架,甚至对哭闹的小明大声训斥。下列说法正确的是(　　)。

A. 小明的父母的监护权可以被撤销
B. 父母没有为孩子提供健康的家庭环境
C. 父母大声训斥小明侵犯了小明的名誉权
D. 小明的父母履行了对小明的监督责任

9. 小学生宋某因经常偷窃，被所在学校申请送工读学校进行矫治。对于这一申请具有审批权的机构是（　　）。
   A. 公安部门　　　B. 检察机关　　　C. 教育行政部门　　　D. 民政部门

10. 下列学生伤害事故中，学校已履行了相关责任，无不当行为，无法律责任的是（　　）。
    A. 学生在学校食堂就餐后集体食物中毒
    B. 教师罚未完成作业的同学跑操场10圈
    C. 台风来袭导致两名学生受伤
    D. 校医院乱用药导致学生病情加重

11. 《国家中长期教育改革和发展规划纲要（2010—2020年）》提出，衡量教育的标准是（　　）。
    A. 增强就业能力、满足社会需要
    B. 德智体全面发展、实现人的现代化
    C. 促进毕业生就业、提高人力资源质量
    D. 促进人的全面发展、适应社会需要

12. 在某公办学校自主招生的面试环节中，招生负责人利用自己的职权录取了一名不符合招生要求的学生。对此，被招收的学生应由教育行政部门（　　）。
    A. 责令退回
    B. 责令退回并予以罚款
    C. 面试后再决定是否录取
    D. 责令退回且不允许其他当地学校录取

13. 某小学王老师认为，教学过程中只要学生成绩优异就可以了，不用自觉遵守教育法律法规、履行教师职责权利。王老师违背了（　　）。
    A. 依法执教　　　B. 爱岗敬业　　　C. 严谨治学　　　D. 为人师表

14. 张老师在接手一个新班级的班主任工作以后，没有按照以往经验制定班级行为规范，而是利用很长一段时间，向上一任班主任、科任老师了解班级学生情况，然后有针对性地制定了班级行为规范。张老师的做法（　　）。
    A. 不可行，张老师应立即规范班级学生行为
    B. 不可行，张老师可以按照以往经验来管理新班级
    C. 可行，了解学生是教师进行教育的前提
    D. 可行，体现了张老师尊重同事

15. 某班班规中对"差等生"约法N章，但对"优等生"没有什么要求。忘记戴红领巾的"优等生"可以直接被原谅，而"差等生"则需去墙角接受十分钟"思想教育"。教师的这种做法（　　）。
    A. 符合实施德育的要求　　　B. 符合因材施教的要求
    C. 违背了平等对待每个学生的理念　　　D. 违背了实施德育的理念

16. 面对孩子的种种调皮行为，关老师虽然知道生气时也要摆正心态，但总是难免出现"爆粗口"的状况，引起学生的反感。面对这样的情况关老师应该（　　）。

A. 依然如故,处之泰然　　　　　B. 无心之举,不必介怀
C. 尽量避免,努力改正　　　　　D. 积极改变,不再爆粗

17. 通电导线周围存在磁场是下列哪一位科学家发现的?(　　)
A. 奥斯特　　　　　　　　　　B. 法拉第
C. 安培　　　　　　　　　　　D. 焦耳

18. 日常生活中的一些小窍门和小常识往往蕴含着科学道理。下列做法中科学合理的是(　　)。
① 用钢丝球擦洗铝锅上的油污
② 用食醋清除暖水瓶中的水垢
③ 用热的纯碱水洗涤铁锅上的油污
④ 用汽油清洗电风扇叶片漆面上的污渍
A. ①②　　　　　　　　　　　B. ①④
C. ②④　　　　　　　　　　　D. ②③

19. 汉阳兵工厂是晚清时期洋务运动的代表人物(　　)到湖北后主持创办的军工制造企业。
A. 曾国藩　　　　　　　　　　B. 张之洞
C. 左宗棠　　　　　　　　　　D. 李鸿章

20. 我国传统图案里以石榴象征(　　)。
A. 多子　　　　　　　　　　　B. 多梦
C. 多寿　　　　　　　　　　　D. 多财

21. "芳菲次第长相续",一季更有一季景。下列诗句描述了不同季节的物候,按春、夏、秋、冬的次序排列正确的是(　　)。
① 竹喧归浣女,莲动下渔舟
② 墙角数枝梅,凌寒独自开
③ 采菊东篱下,悠然见南山
④ 竹外桃花三两枝,春江水暖鸭先知
A. ②④③①　　　　　　　　　B. ④②①③
C. ④③①②　　　　　　　　　D. ④①③②

22. 杜甫诗句"三月三日天气新,长安水边多丽人"能够使人联想到的美术作品是(　　)。
A. 《簪花仕女图》　　　　　　B. 《挥扇仕女图》
C. 《虢国夫人游春图》　　　　D. 《虢国夫人夜游图》

23. 但丁创作《神曲》的目的是(　　)。
A. 表现宗教思想
B. 歌颂人类美好的感情
C. 为人类指出一条从黑暗走向光明的途径
D. 宣扬人文主义精神

24. 下列属于中国十大传世名画之一的作品是(　　)。
A. 《重屏会棋图》　　　　　　B. 《韩熙载夜宴图》
C. 《明皇幸蜀图》　　　　　　D. 《捣练图》

25. 该图作品的作者是( )。

A. 周昉 B. 吴道子
C. 张萱 D. 孙位

26. 在 Word 的编辑状态中,要使用标尺改变页边距,必须使文档处于( )视图。
A. 阅读版式 B. 页面
C. 大纲 D. Web 版式

27. 下列 PowerPoint 功能按钮中,表示插入图片的工具栏按钮是( )。

A.　　　B.　　　C.　　　D.

28. 找规律填数字是一项很有趣的活动,特别锻炼观察和思考能力。下列选项中,填入数列"1,7,8,57,( ),26050"空缺处的数字,符合该组数字排列规律的是( )。
A. 456 B. 457
C. 458 D. 459

29. 在所给的四个选项中,最适合填在空白处,从而能够使图形序列呈现一定的规律性的是( )。

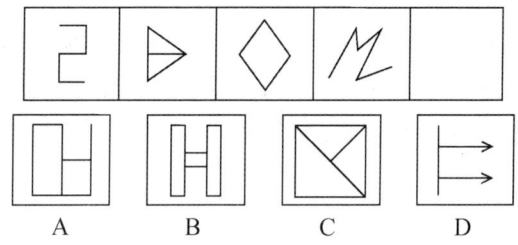

二、材料分析题(本大题共 3 小题,每小题 14 分,共 42 分)

阅读材料,并回答问题。

30. 材料:

班主任冯老师面临一个很棘手的问题——一起涉及人数众多、性质颇为严重的作弊事件。语文课代表为了帮助其他同学掌握语法知识,在征得任课老师的同意后,在自习课上组织同学们进行测验。测验结束后,班长向冯老师汇报"一切正常"。冯老师为学生们的自觉行为感到高兴,准备给全班同学一次嘉奖。岂料课后学生反映,测验时看书的人不少,连班长也在内。怎样处理这起作弊事件呢?在全班同学面前直接提出这个问题,责令作弊者自动坦白,要求知情者检举揭发,把嫌疑分子一个个叫来办公室审问……这样的办法有什么积极的作用呢?第二天上课时,冯老师神情自若,像什么事也没有发生一样。他在黑板上写上汤姆斯·麦考莱的一句名言:"在真相肯定永无人知的情况下,一个人的所作所为,能显示他的品格。"接着又给学生们讲了一个人在回忆自己三十年前一次考试作弊时的懊悔心情。讲完故事,冯老师要求每个学生记下汤姆斯·麦考莱的名言,同时要求他们写一篇体会,题目是《心灵的答卷》。冯老师平静、沉着的态度大大出乎学生们的意料,而汤姆斯·麦考莱的名言则深深地震撼了学生们的心灵。第二天,每个同学都交出了惭愧、悔恨的"心灵答卷"。显然冯老师对这次作弊事件的处理是卓有成效的,产生的教育影响十分深刻而久远。

问题:

请运用新课改的学生观分析冯老师的教育行为。(14分)

31. **材料:**

王老师从踏入讲台的第一天起,就立下了"当园丁培育百花,做黄牛无私奉献"的誓言。在教学工作中,他认真学习优秀教师的教学经验,积极进行教育科研,不断进行教学改革,教学效果优异,多次获得学校教学优秀奖。不仅如此,他发现一些来自农村尤其是偏远山区的学生由于家庭经济困难,思想压力大,很少与同学们沟通交往。为了帮助他们克服生活困难,顺利完成学业,王老师从自己不多的收入中拿出一部分创设了"母亲基金",并通过各种渠道号召其他教师和社会人士为贫困学生进行捐助。王老师的行为不仅受到了学校老师和同学们的称赞,而且也得到了社会的充分肯定。

问题:

请从教师职业道德的角度,评析王老师的教育行为。(14分)

32. 材料：

音乐的作用并不止于创造悦耳的乐式，它还能表达感情。你可以津津有味地欣赏一首巴赫的序曲，好像观赏精美的波斯地毯一样，可是乐趣也只限于此。莫扎特则不然，听了他的《唐璜》前奏曲，你不可能不怀有一种复杂的心情。它充满了魔鬼式的欢乐，但又使你有一定的心理准备去迎接可怖的世界末日。听莫扎特的《天神交响乐》最后一章，你会觉得那是狂欢的音乐，响亮的鼓声如醉如狂，从头到尾交织着一种不寻常的悲伤之感。莫扎特的乐章又是乐式设计的杰作。

贝多芬所做的，是把音乐完全用作表现心情的手段，完全不把设计乐式本身作为目的。也正是这一点，使得某些与他同时的伟人不得不把他当作一个疯人。不错，他一生非常保守地使用旧的乐式，但是他给它们注入惊人的活力和激情，包括产生于一定思想、信念的那种最高的激情，结果不仅打乱了旧乐式的对称，而且常常使人听不出在感情的风暴下竟还有什么乐式存在了。他的《英雄交响乐》一开始使用了一个乐式（这是从莫扎特幼年的一个前奏曲里借来的），跟着又使用了另外几个漂亮的乐式。这些乐式被赋予了巨大的内在力量，所以到了乐章的中段，这些乐式就全被不客气地打散了。于是，在只追求乐式的音乐家看来，贝多芬是发了疯了。他这么做，只是因为他觉得非如此不可，而且还要求你也觉得非如此不可呢。

这就是贝多芬之谜。他有能力设计最好的乐式；他能写出使你终身受用不尽的乐式；他能挑出那些最枯燥无味的旋律，把它展开得那样吸引人，使你听上一百次也每次都能发现新东西：一句话，你可以拿所有用来形容以乐式见长的作曲家的话来形容他，但是他的病症，也就是不同于别人之处，在于那激动人心的品质。他能使我们激动，用他那奔放的感情左右我们。一位法国作曲家听了贝多芬的音乐觉得不舒服，说："我爱听了能使我入睡的音乐。"是的，贝多芬的音乐是使你清醒的音乐。而当你想独自一个人静一会儿的时候，你就怕听他的音乐。

懂了这个，你就从18世纪前进了一步，也从旧式的跳舞音乐前进了一步，不仅懂得贝多芬的音乐，而且也能懂得贝多芬以后最有深度的音乐了。

（节选自萧伯纳《贝多芬之谜》）

问题：

(1) "这就是贝多芬之谜"的"这"指的是什么？（4分）

（2）根据文意，举例说明从巴赫到莫扎特再到贝多芬在音乐创作上的发展变化。(10分)

三、写作题(本大题1小题,50分)

33. 阅读下面的材料,按要求作文。

叶圣陶先生曾言:"千教万教,教人求真;千学万学,学做真人。"教师的职责是教学生"求真",但又不仅限于此;更为重要的是让学生形成良好的道德品质,学会做"真人"。教师的良好的道德品质与职业操守在学生这一"学做真人"的过程中扮演着极为重要的角色。

根据材料所引发的思考和感悟,写一篇论说文。

要求:

角度自选,立意自定,标题自拟,不少于800字。

综合素质(小学)
全真模拟与预测试题 10

注意事项:

考试时间为120分钟,满分150分。

一、单项选择题(本大题共29小题,每小题2分,共58分)

1. "雪化了变成什么?"一个学生回答:"变成了春天!"这个富有想象力,又富有艺术性的答案却被老师判为零分。老师的做法忽视的是( )。
   A. 学生的独立性　　　　　　　　B. 学生的创造性
   C. 学生的完整性　　　　　　　　D. 学生的发展性

2. 每到学期期末,三年级二班的班主任刘老师,就会占用学生体育课的时间来讲授语、数、外等科目中的疑难问题,刘老师的做法( )。
   A. 正确,有利于提高学生的期末成绩
   B. 正确,有利于老师组织学生有效复习
   C. 错误,不利于学生德智体全面发展
   D. 错误,不利于体育特长生的发展

3. 郑老师的学生学习完《蜗牛》时,在课堂上提出了很多问题:蜗牛吃什么?蜗牛怎样过冬?蜗牛的触角有什么用?蜗牛的天敌是谁?郑老师并没有直接告诉学生答案,而是建议学生成立研究小组展开研究。关于郑老师的做法,下列说法不正确的是( )。
   A. 看到了学生有自我教育的可能性
   B. 看到了每个学生都有自身的独特性
   C. 看到了学生是具有独立意义的人
   D. 看到了学生在学习过程中的主体地位

4. 学校举办了"给自己喜爱的作家写信"的活动,并给每个班5个名额。其他班级都是抽签决定这5个名额给谁,但是三班的王老师认为只有作文写得好的学生才有资格把信寄出,因此她挑选了5名她认为写作能力强的学生,帮助他们寄信,王老师的做法( )。
   A. 符合因材施教的原则　　　　　B. 符合公平竞争的要求
   C. 违背平等待生的理念　　　　　D. 违背民主互助的理念

5. 为了加强班级纪律管理,班主任王老师规定,凡是上课不认真听讲的,罚款5元;凡是在班级活动中搞小动作,罚款2元;凡是上学迟到早退,不认真完成作业的,罚款1元;其他违纪行为视情况进行罚款。有关该老师的做法,说法正确的是( )。
   A. 有利于加强班级管理　　　　　B. 有利于提高学生成绩
   C. 侵犯了学生的人身自由权　　　D. 侵犯了学生的财产权

6. 宿管李老师,在晚间查寝时吸烟,李老师的行为( )。
   A. 正确,教师可以在学生寝室吸烟
   B. 正确,李老师不是任课老师可以吸烟
   C. 不正确,教师不能在学生寝室吸烟
   D. 不正确,教师只能在办公室吸烟

7. 为了更好地促进学生发展,提高学生成绩,六年级三班的班主任梁老师根据全班学生的不同水平和接受能力,尝试分层教学,该老师的做法( )。

A. 正确,教师享有教育教学权 B. 正确,教师享有学术研究权
C. 错误,不利于学生的全面发展 D. 错误,没有做到因材施教

8. 某市教育局每年都将大量的经费和资源分配给当市升学率高的学校,这种做法( )。
   A. 属于实事求是,着眼实际 B. 没有促进学校均衡发展
   C. 对升学率差的学校起到激励作用 D. 有利于形成良性竞争

9. 六年级学生小亮,平时调皮捣蛋,课间休息时在楼道踢球,故意将楼道中的镜子踢碎。学校在查明事实经过后,让小亮照价赔偿外,还要罚款三百元予以警示。该学校的做法( )。
   A. 合法,有助于维持学校良好的教学秩序
   B. 合法,有助于因材施教,以儆效尤
   C. 不合法,侵犯了小亮的财产权
   D. 不合法,侵犯了小亮的人格尊严权

10. 张老师是一名优秀的英语老师,由于英语能力出色,经常参加有关英语的学术交流活动。学校领导认为她不务正业,给予她严重警告。该校的做法( )。
    A. 不正确,学校侵犯了教师的学术研究权
    B. 不正确,学校无权干涉教师的人身自由
    C. 正确,学校有权对教师提出工作要求
    D. 正确,学校应该规范教师的行为

11. 李老师在校内开了一个超市,学生张某喝了该超市售卖的过期矿泉水,腹泻不止,在此事件中应当承担责任的是( )。
    A. 张某和其监护人 B. 学校和李老师
    C. 学校 D. 李老师

12. 根据《国家中长期教育改革和发展规划纲要(2010—2020年)》的规定,加强教师队伍建设的措施中不包括( )。
    A. 建设高素质教师队伍 B. 加强师德建设
    C. 提高教师业务水平 D. 以城市教师为重点

13. 李老师正在上课,王亮、张宏两位同学却在讲话,李老师不仅训斥了两名同学,还当着全班同学的面叫说话声音最响的王亮为"大喇叭",声音有点沙哑的张宏为"破铜锣"。李老师还罚他们到教室外的走廊上站立直至下课。李老师的行为( )。
    A. 正确,"教不严,师之惰",教师就应该严格要求学生
    B. 错误,可以对同学罚站,但是叫同学的绰号就不对了
    C. 错误,有违依法执教的职业道德规范
    D. 错误,违背了团结协作的职业道德规范

14. 陈老师所在的学校正在进行一项教育实验项目,一天,负责这个项目的叶教授来学校指导,并旁听了陈老师的课。课后,就学生晓丽的情况陈老师专门请教了叶教授。虽然晓丽学习很努力,成绩也很好,但是她在与人交流方面似乎存在一定的困难,经常与同伴产生摩擦。陈老师了解到叶教授是心理学方面的专家,特意请教他。陈老师的行为体现了教师践行( )。
    A. 团结协作 B. 爱国守法 C. 为人师表 D. 教书育人

15. 一年一度的教师节总令王老师感动不已,每年这个时候,他的学生和学生家长都会纷纷送来节日的祝福。今年孩子们用他们的小手作画,画了一幅四年级二班的全家福送给王老师。面对这样一幅"杰作",王老师流下了感动的泪水,并欣然收下了这份礼物。王老师的行为( )。
    A. 无可厚非,学生用自己的智慧和劳动亲手制作的礼物,可以收下
    B. 是错误的,作为一名小学教师,应该无私奉献,而不该收礼物
    C. 是错误的,作为一名小学教师,不应该让学生浪费时间做与学习无关的事情
    D. 很容易造成学生不务正业,荒废学习,应该拒收,并教育学生不要有下次

16. 在应试教育的重压下,老师唯恐学生成绩不好影响他们的奖金和升职,学生面对老师海量的作业苦不堪言,甚至产生厌学的心理,这样的教育完全违背了( )的宗旨。
    A. 终身学习   B. 教书育人   C. 团结协作   D. 为人师表

17. 下列不属于第二次鸦片战争时期签订的条约的是( )。
    A.《南京条约》 B.《天津条约》 C.《北京条约》 D.《瑷珲条约》

18. 验钞机是现金流通量比较大的银行必不可少的设备,大大减轻了工作人员的繁重任务。请问验钞机能够检验钞票的真伪利用的是( )。
    A. 多普勒效应 B. 红外效应   C. 紫外效应   D. 光电效应

19. "围魏救赵"这个典故讲的是下列哪个历史人物?( )
    A. 孙武   B. 孙膑   C. 勾践   D. 苏秦

20. 望闻问切是我国古代中医常用的四诊法,最先采用四诊法的是( )。
    A. 华佗   B. 孙思邈   C. 张仲景   D. 扁鹊

21. 下列选项中,作家与作品对应不正确的是( )。
    A. 欧·亨利——《麦琪的礼物》   B. 巴尔扎克——《欧也尼·葛朗台》
    C. 雨果——《悲惨世界》   D. 狄更斯——《呼啸山庄》

22. 下列人物和其地位、作品对应不正确的是( )。
    A. 舒伯特——歌曲之王——《魔王》
    B. 小约翰·施特劳斯——圆舞曲之父——《蓝色多瑙河》
    C. 李斯特——钢琴之王——《匈牙利狂想曲》
    D. 巴赫——西方现代音乐之父——《小步舞曲》

23. 下列不属于茅盾的作品的是( )。
    A.《林家铺子》 B.《子夜》   C.《幻灭》   D.《原野》

24. 印象派代表人物梵·高的画作以极富情绪化的颜色著称,以下属于梵·高代表作的是( )。
    A.《草地上的午餐》   B.《日出·印象》
    C.《向日葵》   D.《静物》

25. 以下属于弹拨乐器的是( )。
    A. 琵琶   B. 碰铃   C. 二胡   D. 巴乌

26. 下列哪一项不是"字体"对话框中的"字符间距"选项卡中的选项?( )
    A. 缩放   B. 位置   C. 效果   D. 间距

27. Excel中,为表格添加边框的正确操作是( )。

A. 单击"单元格"中的"格式" B. 单击"单元格"中的"边框和底纹"
C. 单击"插入"中"边框" D. 单击"插入"中"单元格"

28. 有人对"不到长城非好汉"这句名言的理解是:"如果不到长城,就不是好汉。"假定这种理解为真,则下列哪项判断必然为真?(　　)
    A. 到了长城的人就一定是好汉 B. 如果是好汉,他一定到过长城
    C. 只有好汉,才到过长城 D. 不到长城,也会是好汉

29. 李、段、张、陈四人同时参加一次马拉松比赛,赛后,他们在一起预测彼此的名次。李说:"张第一名,我第三名。"段说:"我第一名,陈第四名。"张说:"陈第二名,我第三名。"陈没有表态。结果公布后,他们发现预测都只说对了一半。
    由以上可以推出,竞赛的正确名次是(　　)。
    A. 陈第一,段第二,张第三,李第四 B. 段第一,陈第二,李第三,张第四
    C. 李第一,张第二,段第三,陈第四 D. 张第一,李第二,陈第三,段第四

二、材料分析题(本大题共3小题,每小题14分,共42分)

阅读材料,并回答问题。

30. **材料:**

在全面实施素质教育的要求下,怎样评价学生的优、良、中、差呢?为此,我制定了这样的标准:一是在大纲规定的基础科取得60分以上成绩,并能发现自己的特长且有所发展的,视为及格;二是基础科及格或良好,特长科明显超过同年级学生的,视为良好;三是基础科良好,特长科大大超过同年级学生或有所发明创造的,视为优秀;四是仅基础科及格或仅特长科有所发展的,均视为不及格;五是仅基础科良好,或特长科单方独进的,视为畸形发展,作降格评价。这一评价标准的实施,使绝大部分"差生"都抬起头来走路,找到了自己成才的优势与途径,也使文化课考试分数高的学生不再自我感觉良好,从而找到了良性互补、和谐发展的新路子。通过一个学期的实践,学生的学习积极性明显提高,各科学习成绩有了大幅度的提高,各科总分由原来年级的倒数第二,上升到年级的第二名。

问题:

请从教育观的角度,评析该教师的评价标准。(14分)

31. 材料：

二年级时，学校给我们换了一位数学老师。这位老师生活条件优越，几乎每天换新衣服。可她对每节课的内容却没有深入讲解，总是敷衍了事。我将"奥数"作业题中的疑难问题拿去向她请教时，她也经常借口推辞，不予回答。别看她不好好教学，可有时，她还会显示一下自己的学识。一次数学课上，她一反常态，给我们出一道很难的应用题……终于，我知道怎么做了，我将答案写在作业本上，交给了老师。待她评讲时，我竟然做错了。不会错的，我在习题书上见到过类似的题。我盯着作业本上的红叉，委屈得快哭出来了。我拿着作业本向老师再次求证。"老师，这道题应该是我这样做的，你看……"还没等我将理由说出来，她就高声对我说："你是老师，还是我是老师？我吃过的盐比你吃过的米还多。怎么，好学生就能批驳老师？自己也不想想自己那点能耐，显什么显？"她将作业本狠狠地甩给我并让我第二天叫家长来学校。我哭了，忍着委屈求了好半天，她才肯罢休。当时，同学们都嘲笑我的不智之举。那年的期末考试，卷子上的最后一道正是这题，为了证明我没错，我固执地写下了自己的答案。卷子是由教导处的老师判的，卷上的大勾证明我对了，全班唯一一个做对的，唯一一个！

问题：

请从教师职业道德的角度，评析该教师的教育行为。（14分）

32. 材料：

一般人常常以为对任何问题不求甚解都是不好的，其实也不尽然。我们虽然不必提倡不求甚解的态度，但是，盲目地反对不求甚解的态度同样没有充分的理由。

不求甚解这句话最早是陶渊明说的。他在《五柳先生传》中写道："好读书，不求甚解；每有会意，便欣然忘食。"人们往往只抓住他说的前一句话，而丢了他说的后一句话，因此，就对陶渊明的读书态度很不满意，这是何苦来呢？他说的前后两句话紧紧相连，交互阐明，意思非常清楚。这是古人读书的正确态度，我们应该虚心学习。

而读书的要诀，全在于会意。如果根本不读书或者不喜欢读书，那么，无论说什么求甚解或不求甚解就都毫无意义了。因为不读书就不了解什么知识，不喜欢读也就不能用心去了解书中的道理。一定要好读书，真正把书读进去了，越读越有兴趣，自然就会慢慢了解书中的道理，这才有起码的发言权。对于这一点，陶渊明尤其有独到的见解，所以他每每遇到真正会意的时候，就高兴得连饭都忘记吃了。

这样说来，陶渊明主张读书要会意，而真正的会意又很不容易，所以只好说不求甚解了。不求甚解目的在于劝诫学者不要骄傲自负，以为什么书一读就懂，实际上不一定真正体会到了书中的真意，还是老老实实承认自己只是不求甚解为好。此外，还告诉我们读书不要固执一点，咬文嚼字，而要前后贯通，了解大意。这两层意思都很重要，值得我们好好体会。

在读书不求甚解方面，古人的确有许多成功的经验。诸葛亮就是这样读书的。据王粲的《英雄记钞》说，诸葛亮与徐庶、石广元、孟公威等人一道游学读书，"三人务于精熟，而亮独观其大略"。看来诸葛亮比徐庶等人确实要高明得多，因为观其大略的人，往往知识更广泛，了解问题更全面。

当然，这也不是说，读书可以马马虎虎，很不认真。观其大略同样需要认真读书，只是不死抠一字一句，不因小失大，不为某一局部而放弃了整体。而对那些经典的书必须常常反复阅读，每读一次都会觉得开卷有益。

（摘自邓拓《不求甚解》有删改）

问题：

（1）"不求甚解"包括哪两个层面的含义？请结合文本，简要说明。（4分）

（2）文章认为正确的读书方法是什么？请简要分析。（10分）

三、写作题(本大题 1 小题,50 分)

33. 阅读下面的材料,按照要求作文。

苏轼《题西林壁》诗中有"横看成岭侧成峰,远近高低各不同"之句,从不同的角度观察庐山看到了不同的景象。我们的生活、工作、学习也是如此。

根据材料所引发的思考和感悟,写一篇论说文。

要求:

角度自选,立意自定,标题自拟;不少于800字。

教育教学知识与能力(小学)
全真模拟与预测试题 1

注意事项：

考试时间为 120 分钟,满分 150 分。

一、单项选择题(本大题共 20 小题,每小题 2 分,共 40 分)

1. 教育能够把潜在的劳动力转化为现实的劳动力,这体现了教育的(　　)。
   A. 经济功能　　　　　　　　　　B. 育人功能
   C. 政治功能　　　　　　　　　　D. 文化功能

2. 如果不注意眼部卫生就容易患沙眼,在学校中预防沙眼的重点是(　　)。
   A. 不用脏手擦眼睛　　　　　　　B. 群防群治
   C. 保持水源清洁　　　　　　　　D. 搞好卫生,做好一人一巾

3. 二年级一班教数学的张老师言行举止礼貌大方,待人和蔼可亲,非常受欢迎,一班的同学受她的影响也非常有礼貌。这体现了教师劳动的(　　)。
   A. 复杂性　　　　　　　　　　　B. 长期性
   C. 创造性　　　　　　　　　　　D. 示范性

4. 技能形成的基本途径是(　　)。
   A. 讲解　　　　　　　　　　　　B. 观察
   C. 示范　　　　　　　　　　　　D. 练习

5. 班主任李老师经常在班级管理的过程中对学生进行思想品德教育,李老师进行德育的途径是(　　)。
   A. 政治课和其他各科教育　　　　B. 课外活动与校外活动
   C. 劳动　　　　　　　　　　　　D. 班主任工作

6. 为了便于学生记诵,教师经常要求学生多次重复背诵学习内容,这种学习策略属于(　　)。
   A. 复述策略　　　　　　　　　　B. 精细加工策略
   C. 组织策略　　　　　　　　　　D. 阅读理解策略

7. 进行德育要循循善诱,以理服人,从提高学生认识入手,调动学生的主动性,使他们积极向上。这一原则是(　　)。
   A. 导向原则　　　　　　　　　　B. 疏导原则
   C. 因材施教原则　　　　　　　　D. 教育的一贯性原则

8. 学习新信息对已有旧信息的抑制作用叫(　　)。
   A. 前摄抑制　　　　　　　　　　B. 倒摄抑制
   C. 消退抑制　　　　　　　　　　D. 超限抑制

9. 如果一个家长想用玩电脑游戏作为强化物,奖励儿童认真按时完成作业的行为,最合适的安排应该是(　　)。
   A. 让儿童打完游戏后立即督促其完成作业
   B. 规定每周玩电脑游戏的时间
   C. 惩罚孩子过分喜欢玩电脑游戏的行为
   D. 只有按时完成作业才能玩电脑游戏

10. 教师在教学过程中要求学生尽可能想出更多的解题思路,这种教学方式是为了训练学生的(　　)。

A. 发散思维　　　B. 形象思维　　　C. 抽象思维　　　D. 直觉思维

11. 从课程论的视角来看,教室座位安排、图书角布置等属于(　　)。
    A. 活动课程　　　　　　　　B. 隐性课程
    C. 显性课程　　　　　　　　D. 综合课程

12. 从教育心理学看来,既是课堂管理研究的范畴,也是学习过程研究和教学设计研究不容忽视的内容是(　　)。
    A. 教学内容　　B. 教学环境　　C. 教学媒体　　D. 教学过程

13. 以下说法中,错误的是(　　)。
    A. 与新教师相比,专家型教师的课时计划简洁、灵活、以学生为中心,并具有预见性
    B. 专家型教师有完善的维持学生注意的方法
    C. 专家型教师往往比较注意课堂的细节
    D. 专家型教师有丰富的教学策略

14. 依据经验或直觉选择解法的方式是(　　)。
    A. 推理式　　　B. 启发式　　　C. 算法式　　　D. 演绎式

15. 教育学作为一门规范学科,其建立的标志是发表(　　)。
    A.《大教学论》　　　　　　　B.《民主主义与教育》
    C.《普通教育学》　　　　　　D.《教育漫话》

16. 操作者自身以外的人和事给予的反馈,有时也称结果知识的反馈是(　　)。
    A. 内部反馈　　B. 外部反馈　　C. 动觉反馈　　D. 过程反馈

17. 最稳定、最重要的学习动机是(　　)。
    A. 认知内驱力　　　　　　　B. 自我提高内驱力
    C. 附属内驱力　　　　　　　D. 成就感

18. 教育心理学的研究和其他科学研究都应遵循的基本原则是(　　)。
    A. 客观性原则　　B. 系统性原则　　C. 教育性原则　　D. 发展性原则

19. 新课程强调教师向学生学习,倾听学生的看法和观点,这主要要求师生之间建立的关系是(　　)。
    A. 民主平等　　B. 尊师爱生　　C. 心理相容　　D. 教学相长

20. 主张教学必须从学习者已有的经验开始,强调在活动中学习是(　　)的主张。
    A. 学科中心课程论　　　　　B. 活动中心课程论
    C. 社会中心课程论　　　　　D. 实践中心课程论

二、简答题(本大题共3小题,每小题10分,共30分)

21. 简述学生学习的特殊性。

22. 心理辅导工作必须遵循的基本原则有哪些?

23. 小学生道德认识能力发展趋势稳定、和谐的具体表现有哪些?

三、材料分析题(本大题共2小题,每小题20分,共40分)

阅读材料,并回答问题。

24. 材料:

赵某是五年级学生,他特别喜欢球星梅西,把头发剃成足球样式形状,第二天便来学校上课,刚走进教室,被老师看见,老师便对他说:"你的发式太怪了,把头发再去剪剪,恢复正常了再来上课,顺便让你爸爸妈妈来学校一趟。"赵某回家后,将这件事告知家人,第二天他的家长便一起来学校,学校老师要求赵某剪掉头发,并不准许他上课。家长带他去将头发剪成光头,第三天又来学校,没想到学校老师却说"哪有学生光头来上课的",依然不允许其上课,家长只好找到校方领导,校方说不准许其上课。家长说:"可否戴帽子上课?"校方说:"不行,等头发长长了再来上课。"家长为了让赵某恢复上课,找到教育局反映情况,教育局要求准许赵某上课,并且在校期间(要遵守学校纪律)赵某要真正认识到自己的错误。学校收到教育局通知后,以赵某光头损坏学校形象为由仍然不允许赵某上课。

问题：

运用相关的教育法规及你所掌握的教育学原理回答：学校这样做是否合理？为什么？

25. 材料：

心理学家作了这样一个实验：从三个班中将成绩排名后6位的学生抽出来，组成一个18名学生的班级，心理学家对这18名学生进行了智力测验，发现每一名学生智商都在正常范围。于是要求这18名学生的任课老师对他们做到以下几点。

第一，分析他们在学业上失败的原因。

第二，上课提问时，难度适当。

第三，对回答问题正确的同学给予鼓励，对回答错误的同学给予肯定并耐心纠正其错误。

第四，鼓励学生的点滴进步，提高他们的自信心。

后来，这18名同学在半年以后学习大有进步，已经不再是学习有困难的学生了。

问题：

试用动机理论对以上材料进行分析。（20分）

四、教学设计题(本大题有 2 小题,请任选 1 小题作答,全部作答只按前 1 小题计分,共 40 分)

26. 请认真阅读下文,并按要求作答。

"精彩极了"和"糟糕透了"

记得七八岁的时候,我写了一首诗。母亲一念完那首诗,眼睛亮亮的,兴奋地嚷着:"巴迪,真是你写的吗?多美的诗啊!精彩极了!"她搂住了我,赞扬声雨点般落到我身上。我既腼腆又得意洋洋,点头告诉她这首诗确实是我写的。她高兴得再次拥抱了我。

"妈妈,爸爸下午什么时候回来?"我红着脸问。我有点迫不及待,想立刻让父亲看看我写的诗。"他晚上七点钟回来。"母亲摸着我的脑袋,笑着说。

整个下午我都怀着一种自豪感等待父亲回来。我用漂亮的花体字把诗认认真真地重新誊了一遍,还用彩色笔在它的周围描上一圈花边。将近七点钟的时候,我悄悄走进饭厅,满怀信心地把它放在餐桌父亲的位置上。

七点。七点一刻。七点半。父亲还没有回来。我实在等不及了。我敬仰我的父亲。他是一家影视公司的重要人物,写过好多剧本。他一定会比母亲更加赞赏我这首精彩的诗。

快到八点钟的时候,父亲终于推门而入了。他进了饭厅,目光被餐桌上的那首诗吸引住了。我紧张极了。

"这是什么?"他伸手拿起了我的诗。

"亲爱的,发生了一件美妙的事。巴迪写了一首诗,精彩极了……"母亲上前说道。

"对不起,我自己会判断的。"父亲开始读诗。

我把头埋得低低的。诗只有十行,可我觉得他读了几个小时。

"我看这首诗糟糕透了。"父亲把诗扔回原处。

我的眼睛湿润了,头也沉重得抬不起来。

"亲爱的,我真不懂你这是什么意思!"母亲嚷道,"这不是在你的公司里。巴迪还是个孩子,这是他写的第一首诗。他需要鼓励。"

"我不明白,"父亲并不退让,"难道世界上糟糕的诗还不够多吗?"

我再也受不了了。我冲出饭厅,跑进自己的房间,扑到床上失声痛哭起来。饭厅里,父母还在为那首诗争吵着。

几年后,当我再拿起那首诗,不得不承认父亲是对的。那的确是一首相当糟糕的诗。不过母亲还是一如既往地鼓励我。因此我还一直在写作。又一次我鼓起勇气给父亲看一篇我新写的短篇小说。"写得不怎么样,但还不是毫无希望。"根据父亲的批语,我学着进行修改,那时我还未满十二岁。

现在,我已经有了很多作品,出版了一部部小说、戏剧和电影剧本。我越来越体会到我当初是多么幸运。我有个慈祥的母亲,她常常对我说:"巴迪,这是你写的吗?精彩极了!"我还有个严厉的父亲,他总是皱着眉头,说:"这个糟糕透了。"一个作家,应该说生活中的每一个人,都需要来自母亲的力量,这种爱的力量是灵感和创作源泉。但是仅有这个是不全面的,它可能会把人引入歧途。所以还需要警告的力量来平衡,需要有人时常提醒你:"小心,注意,总结,提高。"

这些年来,我少年时代听到的这两种声音一直交织在我的耳际:"精彩极了""糟糕透了",

"精彩极了""糟糕透了"……它们像两股风不断地向我吹来。我谨慎地把握住我生活的小船,使它不被哪一股风刮倒。我从心底里知道,"精彩极了"也好,"糟糕透了"也好,这两个极端的断言有一个共同的出发点——那就是爱。在爱的鼓舞下,我努力地向前驶去。

问题:
(1)试用简洁的语言简述本文所阐述的故事,要求简洁明了、生动。

(2)如果指导高年级小学生学习本文,试拟定教学目标和教学重点。

(3)根据拟定的教学目标和教学重点,设计新授课的教学活动。

27. 阅读下列材料按要求作答。

客　户：你每天要送多少份报纸？要送多少封信？
邮递员：我平均每天送300份报纸和60封信。
- -
邮递员工作10天，要送多少份报纸？要送多少封信？

问题：
请根据上述材料回答下列问题。
（1）什么是运算能力？如何发展学生的运算能力？

（2）如指导中年级小学生学习，试拟定教学目标。

（3）依据拟定的教学目标，设计导入环节并说明理由。

教育教学知识与能力(小学)
全真模拟与预测试题 2

注意事项：

考试时间为120分钟，满分150分。

一、单项选择题(本大题共20小题,每小题2分,共40分)

1. 若儿童不小心中毒,下列措施中不正确的是(　　)。
   A. 口服中毒者可根据病情采取催吐、洗胃、导泻或灌肠等方法迅速排出毒物
   B. 皮肤接触者,立即脱去已污染的衣物,用清水反复冲洗皮肤、毛发、指甲等部位
   C. 化学药品中毒者,应立即用大量的冷水冲洗
   D. 腐蚀性毒物中毒,可饮用蛋清、牛奶、豆浆,以起到保护胃黏膜、延缓毒物吸收的作用

2. 小学生常常出现好心办坏事的现象,其原因主要是(　　)。
   A. 道德情感不深　　　　　　　B. 缺乏合理的行为技能
   C. 道德认识不足　　　　　　　D. 道德意志力不够

3. 赫尔巴特认为教育学的理论基础应该是(　　)。
   A. 神学和哲学　　　　　　　　B. 哲学和心理学
   C. 哲学和伦理学　　　　　　　D. 伦理学和心理学

4. 个体在解决问题的过程中表现为收集或综合信息与知识,运用逻辑规律,缩小解答范围,直至找到唯一正确的解答的认知方式称为(　　)。
   A. 场独立型　　　　　　　　　B. 场依存型
   C. 辐合型　　　　　　　　　　D. 发散型

5. 认为人出生后心灵是一块白板,一切知识是建立在由外部而来的感官经验上的教育家是(　　)。
   A. 洛克　　　　　　　　　　　B. 卢梭
   C. 斯宾塞　　　　　　　　　　D. 夸美纽斯

6. 班主任工作的中心环节是(　　)。
   A. 了解研究学生　　　　　　　B. 组织培养班集体
   C. 协调各种教育力量　　　　　D. 开展各种活动

7. 教育理论界认为衡量一个教师是否成熟的主要因素是看其能否自觉关注(　　)。
   A. 教材　　　B. 生存　　　C. 课堂　　　D. 学生

8. "夫子循循然善诱人,博我以文,约我以礼,欲罢不能"所体现的德育原则是(　　)。
   A. 尊重与严格要求原则　　　　B. 导向性原则
   C. 因材施教原则　　　　　　　D. 疏导原则

9. 引起并决定教育发展变化的最根本、最内在的因素是(　　)。
   A. 社会生产力　　　　　　　　B. 文化传统
   C. 社会制度　　　　　　　　　D. 科技水平

10. "拔苗助长""陵节而施"违背了身心发展的(　　)。
    A. 阶段性　　　　　　　　　　B. 差异性

C. 不均衡性　　　　　　　　　D. 顺序性

11. 考试前夕,学校咨询人员对平时比较容易紧张的同学进行集体辅导,讲授自我放松、缓解紧张的方法。这样做的目的在于( )。
    A. 早期干预　　　　　　　　B. 问题预防
    C. 发展指导　　　　　　　　D. 缺陷纠正

12. "举一反三"与"触类旁通"体现的是( )。
    A. 创造性　　　　　　　　　B. 学习动机
    C. 学习迁移　　　　　　　　D. 学会学习

13. 学习过程中,学习者通过对重点内容圈点批注的方法帮助记忆。这种学习策略属于( )。
    A. 精细加工策略　　　　　　B. 组织策略
    C. 复述策略　　　　　　　　D. 元认知策略

14. 认知心理学将理解问题看作在头脑中形成( )的过程。
    A. 问题结构　　　　　　　　B. 问题线索
    C. 问题内容　　　　　　　　D. 问题空间

15. 教育学生必须了解学生的年龄特征,这要求教师的知识结构应有( )。
    A. 系统的马列主义理论修养
    B. 精深的专业知识
    C. 广博的文化基础知识
    D. 必备的教育科学知识

16. 荀子认为学习的过程是( )。
    A. 尝试错误说　　　　　　　B. 闻—见—知—行
    C. 顿悟学习　　　　　　　　D. 认知结构的改变

17. 对记忆进行分析,根据记忆内容的不同可分为( )。
    A. 形象记忆、情景记忆、情绪记忆以及动作记忆
    B. 陈述性记忆、程序性记忆
    C. 短时记忆和长时记忆
    D. 感觉记忆、知觉记忆

18. 每个学生必须遵守的最基本的日常课堂行为准则是( )。
    A. 课堂约定　　　　　　　　B. 课堂常规
    C. 课堂行为　　　　　　　　D. 课堂情境

19. 小学阶段是发展学生个性( )。
    A. 并不重要的时期
    B. 非常重要的奠基时期
    C. 没有效果的时期
    D. 最不会受外界影响的时期

20. 课程内容主要表现为( )。
    A. 课程方案、课程编制和教材
    B. 课程目标、课程计划和教材

C. 课程计划、课程标准和教材

D. 课程计划、课程方案和教材

二、简答题(本大题共 3 小题,每小题 10 分,共 30 分)

21. 主题班会的形式有哪些?

22. 如何创设问题情境?

23. 简述确定小学教育目的的基本依据。

三、材料分析题(本大题共 2 小题,每小题 20 分,共 40 分)

阅读材料,并回答问题。

24. 材料:

美国心理学家曾做过一项有趣的试验。研究者把两辆一模一样的汽车分别停放在两个不同的街区:一辆完好地停放在一个中产阶级集聚的街区;另一辆则摘掉车牌、打开顶棚,停放在相对杂乱的街区。结果发现停放在中产阶级集聚街区的那一辆过了一个星期还完好无损,而打开顶棚的那一辆,不到一天就被偷走了。于是,该研究者把完好无损的那辆汽车敲碎一块玻璃。结果发现,刚过了几个小时,这辆汽车就不见了。有研究者以该试验为基础,提出了著名的"破窗理论"。

问题:

(1)基于上述材料,请从教育学、心理学视角谈谈你对"破窗理论"的理解。

(2)试述"破窗理论"对班级管理的启示。

25. 时下,在一些课堂中,常常遇到这样的情景。老师说:"同学们,你们喜欢哪段就学哪段,大家自由组合,选择同一内容的同学坐在一起。"于是,课堂成了"自由市场",学生们交换位置,你争我抢,自由民主的气氛洋溢在整个空间。

问题:

作为教师,你对这一教学现象怎么看?你会怎么办?

四、教学设计题(本大题有 2 小题,请任选 1 小题作答,全部作答只按前 1 小题计分,共 40 分)

26. 请认真阅读下文,并按要求作答。

鞋匠的儿子

第十六届美国总统亚伯拉罕·林肯出身于一个鞋匠家庭,而当时的美国社会非常看重门第。

竞选总统前夕,林肯在参议院演讲时,遭到一位参议员的羞辱。这位参议员说:"林肯先生,在你开始演讲之前,我希望你记住,你是一个鞋匠的儿子。"

那位参议员的目的就是要打击林肯的自尊心,好让他退出竞选。

此刻,人们都沉默了,静静地看着林肯,听他会说些什么话来反击那位议员。

"我非常感谢你使我想起我的父亲,"林肯说,"他已经去世了。但我一定会记住你的忠告,我知道我做总统无法像我父亲做鞋匠那样做得那么好。"

众人不约而同地为林肯鼓起了掌。

林肯转过头,对那个傲慢的参议员说:"据我所知,我的父亲以前也为你的家人做过鞋子,如果你的鞋子不合脚,我可以帮你改正它。虽然我不是伟大的鞋匠,但我从小就跟父亲学到了做鞋子的技术。"

接着,林肯又对所有的议员说:"对参议院的任何人都一样,如果你们穿的那双鞋是我父亲做的,而它们需要修理或改善,我一定尽可能帮忙。但是,有一件事是肯定的,我无法像他那么伟大,他的手艺是无人能及的。"

说到这里,林肯流下了眼泪,所有的嘲笑都化为真诚的掌声。

后来,林肯如愿以偿,当上了美国总统。作为一个出身卑微的人,林肯没有任何贵族社会的硬件,他唯一可以倚仗的只是自己出类拔萃的、扭转不利局面的才华。正是关键时刻的一次心灵燃烧使他赢得了别人的尊重,包括那位傲慢的参议员,成就了生命的辉煌。

问题:

(1) 试总结本文的中心思想,并谈谈你通过本文学习到了什么?

(2) 若指导高年级小学生学习本文,试拟定教学目标,并围绕教学目标设计课堂教学环节。

27. 请回答下列问题：
(1) 试简要说明"分数的基本性质"和"商不变性质"。

(2) 若指导高年级小学生学习"分数的基本性质"，试拟定教学目标。

(3) 根据拟定的教学目标，设计 3 道练习题，并说明设计意图。

教育教学知识与能力(小学)
全真模拟与预测试题 3

注意事项:

考试时间为120分钟,满分150分。

一、单项选择题(本大题共20小题,每小题2分,共40分)

1. 德育过程是对学生知、情、意、行的培养和提高过程,其实施顺序是(　　)。
    A. 以"知"为开端,知、情、意、行依次进行
    B. 以"情"为开端,情、知、意、行依次进行
    C. 以"行"为开端,行、知、情、意依次进行
    D. 视具体情况,可有多种开端和顺序

2. "跳一跳,摘个桃"是因为学生存在(　　)。
    A. 关键期   B. 高峰期
    C. 最近发展区   D. 平衡期

3. 在新课程背景下,教育评价的根本目的是(　　)。
    A. 促进学生、教师、学校和课程的发展
    B. 形成新的教育评价制度
    C. 淡化甄别与选拔的功能
    D. 体现最新的教育观念和课程理念

4. 当学生取得好的成绩后,老师和家长给予表扬和鼓励,这符合桑代克学习规律中的(　　)。
    A. 准备律   B. 练习律
    C. 动机律   D. 效果律

5. 学校组织教育和教学工作的依据是(　　)。
    A. 课程目标   B. 课程标准
    C. 课程计划   D. 教科书

6. 学生从道德上理解道德规范并不很难,但是要真正把这种要求转化为个人的道德需要,形成道德信念,就必须经过道德实践的亲身体验,其中转化的"催化剂"是(　　)。
    A. 道德动机   B. 道德评价
    C. 道德行为习惯   D. 积极的道德情感

7. 从人的身心发展的动因看,属于外铄论的学者是(　　)。
    A. 洛克   B. 格赛尔
    C. 孟子   D. 威尔逊

8. 中华人民共和国成立以来,中国小学教学改革所要解决的核心问题是改革(　　)。
    A. 教学方法   B. 教学内容
    C. 教学组织形式   D. 考试制度

9. 隋唐以后使政治、思想、教育更加制度化的是(　　)。
    A. 察举制   B. 举孝廉
    C. 九品中正制   D. 科举制

10. 班集体生活与成员意愿的集中反映是(　　)。

A. 共同的目标 B. 班风
C. 群体意识 D. 班集体舆论

11. 由实际工作者和专业研究人员共同参与,以解决教学实际问题和提高教学行动的自觉认识为目的的研究方法是( )。
   A. 调查法 B. 观察法
   C. 行动研究法 D. 个案分析法

12. 20世纪初实用主义教育学的代表人物和作品是( )。
   A. 夸美纽斯和《大教学论》 B. 赫尔巴特和《普通教育学》
   C. 洛克和《教育漫话》 D. 杜威和《民主主义与教育》

13. 学校的基本功能是( )。
   A. 为社会政治、经济制度服务 B. 为繁荣文化服务
   C. 能实现人口的控制 D. 培养社会所需的合格人才

14. 罗杰斯在其"以人为中心的治疗"中将"无条件积极关注"看作心理辅导的前提之一,这体现了学校心理辅导的( )。
   A. 面向全体学生原则 B. 发展性原则
   C. 尊重学生主体性原则 D. 尊重与理解学生原则

15. 一位教师经常会反思同事们怎样看自己,领导觉得自己干工作怎么样,这个教师目前处于的阶段是( )。
   A. 关注学生 B. 关注生存
   C. 关注情境 D. 虚拟关注阶段

16. 身处教育实践第一线的研究者与受过专门训练的科学研究者密切协作,以教育实践中存在的某一问题作为研究对象,通过合作研究,再把研究结果应用到自身从事的教育实践中,这种研究方法是( )。
   A. 观察法 B. 读书法
   C. 文献法 D. 行动研究法

17. 衡量学生品德形成与否的关键要素是( )。
   A. 道德认识 B. 道德意志
   C. 道德行为 D. 道德情感

18. 在小学数学教科书中,"统计与概率"这一内容按照由浅入深、由易到难的方式编排,使关键概念和基本原理得以重复出现,逐步扩展,这种教材编写方式属于( )。
   A. 单一式 B. 活动式
   C. 螺旋式 D. 直线式

19. 群体发展的最高阶段是( )。
   A. 松散群体 B. 联合群体
   C. 非正式群体 D. 集体

20. 教育部印发了义务教育语文等学科的19个课程标准是在( )。
   A. 2004年 B. 2007年
   C. 2010年 D. 2011年

二、简答题(本大题共3小题,每小题10分,共30分)

21. 简述教育对生产力的促进作用。

22. 简述激发学习动机的措施与方法。

23. 简述素质教育的基本内涵。

三、材料分析题(本大题共2小题,每小题20分,共40分)

阅读材料,并回答问题。

24. 材料:

英国心理学家高尔顿曾根据名家传记和其他方面的材料,选取了包括政治家、法官、军官、文学家、画家、音乐家在内的977位名人作为研究对象,他把对这些名人的调查结果同一般人的家庭情况进行比较,结果表明:这些名人的家属中,出名的父亲有89人,儿子129人,兄弟114人,共332人,而4000名一般人中出名的亲属只有1人。因此,高尔顿认为人的智能高低是由遗传决定的。

问题:

高尔顿这一观点是否正确?为什么?

25. 下面是甲、乙两位老师对《南州六月荔枝丹》一课的教学处理，读后回答问题。

甲：在读完课文后，教师根据课文内容，给学生讲解荔枝的特征，从荔枝干讲到鲜荔枝，把其中的概念如"果肩""果顶""缝合线"等一一进行补充讲解，教师不断地讲，学生不断地记，一节课下来，学生记住了大量有关荔枝的知识。

乙：上课了，教师先引导学生读课文，然后请吃过干荔枝和鲜荔枝的学生谈谈对荔枝的认识，最后，教师给每个学生发了一干一鲜两颗荔枝。学生喜不自禁，教师示意学生安静。然后要求学生剥开两颗荔枝，进行比较观察，将比较的结果记录下来，最后教师要求学生对照着实物读课文，完成一篇短文《我所知道的荔枝》。

问题：

(1) 这两种教学处理各有什么特点？

(2) 从语文教育学的有关理论特别是新课程理念看，哪一种教学处理得更好？为什么？

四、教学设计题(本大题有 2 小题,请任选 1 小题作答,全部作答只按前 1 小题计分,共 40 分)

26. 阅读课文,回答问题。

伯牙善鼓琴,钟子期善听。伯牙鼓琴,志在高山,钟子期曰:"善哉,峨峨兮若泰山!"志在流水,钟子期曰:"善哉,洋洋兮若江河!"伯牙所念,钟子期必得之。子期死,伯牙谓世再无知音,乃破琴绝弦,终身不复鼓。

问题:

(1)文言文翻译的原则是什么?

(2)根据教学对象,拟定本节课教学目标。

(3)依据设定的教学目标,设计新课教学过程。

27. 请回答下列问题：
（1）试分析从万以内的数到亿以内大数的学习中所采用的数学思想。

（2）如何指导高年级小学生学习相关内容？试拟定教学目标。

（3）根据拟定的教学目标和重点，设计课程的导入环节并简单说明理由。

教育教学知识与能力(小学)
全真模拟与预测试题 4

注意事项：

考试时间为120分钟,满分150分。

一、单项选择题(本大题共20小题,每小题2分,共40分)

1. 关于德育规律的描述,以下说法错误的是(　　)。
   A. 德育过程是培养学生知、情、意统一发展的过程
   B. 德育过程是通过活动与交往促进学生发展的过程
   C. 德育过程是一个长期直线提高的过程
   D. 德育过程是知、情、意、行四个要素辩证统一的过程

2. 小学心理健康教育的总目标是(　　)。
   A. 提高学习成绩
   B. 纠正学生的问题行为
   C. 提高学生的心理素质
   D. 发展学生的能力

3. 建构主义强调知识具有的特点是(　　)。
   A. 主观性　　　　　　　　　B. 客观性
   C. 普遍适应性　　　　　　　D. 永恒性

4. 在教育学史上,认为人的知识都是学习得来的,人的差别都是由教育产生的结果的英国教育家是(　　)。
   A. 赫尔巴特　　B. 杜威　　C. 洛克　　D. 卢梭

5. 荀子曰:"不闻不若闻之,闻之不若见之",这句话所体现的教学原则是(　　)。
   A. 直观性原则　　　　　　　B. 启发性原则
   C. 巩固性原则　　　　　　　D. 量力性原则

6. 具有自愿性、灵活性、实践性的教育活动是(　　)。
   A. 个别教学　　　　　　　　B. 复式教学
   C. 班级授课制　　　　　　　D. 课外活动

7. 进行学校各项工作的报表统计属于下列选项中哪一个职能部门的工作内容？(　　)
   A. 校长办公室　　　　　　　B. 教务处
   C. 政教处　　　　　　　　　D. 总务处

8. 只要给足了时间和适当的教学,几乎所有的学生对几乎所有的内容都能达到掌握的程度。这是(　　)。
   A. 意义学习　　　　　　　　B. 机械学习
   C. 发现学习　　　　　　　　D. 掌握学习

9. 美国课程论专家泰勒在《课程与教学的基本原理》一书中提出的课程开发模式是(　　)。
   A. 过程导向模式　　　　　　B. 工作分析模式

C. 目标导向模式　　　　　　　　D. 任务分析模式

10. 预防传染病的首要环节是（　　）。
    A. 消毒　　　　　　　　　　　B. 保护易感人群
    C. 切断传播途径　　　　　　　D. 控制和消灭传染源

11. 通常在一门课程或教学活动结束后对一个完整的教学过程进行测定的评价是（　　）。
    A. 形成性评价　　　　　　　　B. 总结性评价
    C. 正式评价　　　　　　　　　D. 非正式评价

12. 需要调整原有的经验或对旧经验加以概括，在形成更高一级的认知结构后才发生迁移。这是（　　）。
    A. 一般迁移　　　　　　　　　B. 同化迁移
    C. 顺应迁移　　　　　　　　　D. 重组迁移

13. 为班级授课制奠定理论基础的是（　　）。
    A. 洛克　　　B. 杜威　　　C. 夸美纽斯　　　D. 赫尔巴特

14. 学与教的过程中有意传递的主要信息是（　　）。
    A. 教学媒体　　　　　　　　　B. 教学原理
    C. 教学内容　　　　　　　　　D. 教学方法

15. 经常看到主语在句子的开端，因而就认为主语就是句子开端的那个词，这属于（　　）。
    A. 形象概括　　　　　　　　　B. 理性概括
    C. 表象概括　　　　　　　　　D. 感性概括

16. 班主任发挥主导作用的前提是（　　）。
    A. 有正确的学生观
    B. 要树立育人意识
    C. 应具备管理能力
    D. 应具备专业化的素质

17. "三军可夺帅，匹夫不可夺志"说的是（　　）。
    A. 道德认识　　　　　　　　　B. 道德情感
    C. 道德意志　　　　　　　　　D. 道德行为

18. 在中国招生专业目录里有"小学教育专业"，而不是按传统的语、数、外等专业设置。这表明国家把小学教师的培养定位在（　　）。
    A. 专才教育　　　　　　　　　B. 通才教育
    C. 无专长教育　　　　　　　　D. 普通教育

19. "人只有受过一种合适的教育之后，才能成为一个人。"这说明教育是（　　）。
    A. 传递社会经验的活动　　　　B. 使人得以生存的活动
    C. 培养人的社会实践活动　　　D. 保存人类文明的活动

20. 《中共中央国务院关于深化教育改革，全面推进素质教育的决定》是（　　）颁布的。
    A. 1995 年　　　B. 1999 年　　　C. 2001 年　　　D. 2011 年

二、简答题(本大题共3小题,每小题10分,共30分)

21. 简述小学德育的方法。

22. 教学过程中贯彻直观性教学原则有哪些基本要求?

23. 儿童的学习有哪些特征?

三、材料分析题(本大题共 2 小题,每小题 20 分,共 40 分)

阅读材料,并回答问题。

24. 材料:

在某班,甲同学受父母离异的影响,从以前自觉学习到现在上课容易走神、不按时完成作业。乙同学因教师的公开辱骂而厌恶上课、经常逃学玩游戏。甲、乙两个同学的学习成绩都下降了。

问题:

(1)简述马斯洛的需要层次理论。

(2)甲、乙同学的学习成绩下降分别是哪些需要没有得到满足而造成的?

(3)运用马斯洛的需要层次理论,就如何满足甲、乙学生的需要提出两条合理的建议。

25. 六(2)班是某小学有名的乱班,上课纪律混乱,打架成风。班上有一名"在野学生领袖",喜好《水浒传》中的人物,常常"为朋友两肋插刀"。打架时,只要他一挥手,其他人就蜂拥而上。班上正气不能抬头,班干部显得软弱无力,全班同学的学习成绩逐步下降。

问题:

(1) 如何将乱班转化为优良的班集体?

(2) 如何正确对待和教育转化"在野学生领袖"?

四、教学设计题(本大题有2小题,请任选1小题作答,全部作答只按前1小题计分,共40分)

26. 阅读下文,回答问题。

爸爸的咳嗽

自从我家搬进新居以后,不知怎的,爸爸得了一种奇怪的咳嗽病——有时咳得厉害,有时咳得轻些,有时却又像没病似的。

后来我发现,每当我家朝南的窗户打开,东南风吹进来时,爸爸就咳得厉害。难道爸爸咳嗽和东南风有关系吗?我悄悄地记着观察日记:

  2月22日 阴天 北风 不咳嗽
  3月8日 晴天 东南风 咳嗽厉害
  3月10日 雨天 北风 咳嗽轻了
  4月19日 多云 南风 有点儿咳嗽
  4月21日 阴有雨 北风 不咳嗽
  4月22日 晴到多云 南风 有点儿咳嗽
  5月1日 晴天 东南风 咳嗽厉害

啊,果然如此!

有个星期天,爸爸妈妈带我到奶奶家去。走出家门不远,一阵东南风吹来,我闻到一股呛人的气味,爸爸突然咳嗽起来。我抬头一望,远处硫酸厂的烟囱冒出的烟气正随风飘来。我猜测着,爸爸的咳嗽大概就是这烟气造成的吧?

我把自己的想法告诉医生伯伯。他说,爸爸得的是过敏性支气管炎。硫酸厂排出的是有毒的二氧化硫气体,对二氧化硫过敏的人,一闻到它,咽喉就会过敏,引起咳嗽。爸爸就是对二氧化硫过敏的人。我为替爸爸找到了病因而高兴。

从此,只要刮东南风,我就把朝南的窗户关紧。这样,爸爸就不咳嗽了。但是,我多么希望治理好环境污染,就是开着窗户,爸爸也不会咳嗽呀!

问题:

(1) 记叙文的六要素有哪些?

(2) 以小学高年级学生为对象,拟定教学目标。

(3) 设计本课的导入环节,并说明设计意图。

27．阅读下列材料按要求作答。

人们在日常生活中产生的垃圾叫生活垃圾。

(1) 废金属和纸张是垃圾回收的主要对象，它们在生活垃圾中共占几分之几？

$$\frac{3}{10}+\frac{1}{4}=$$

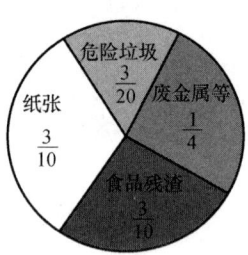

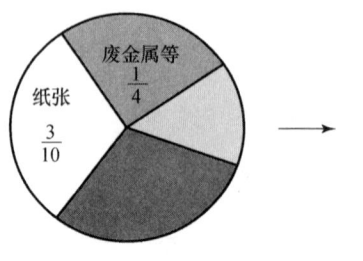

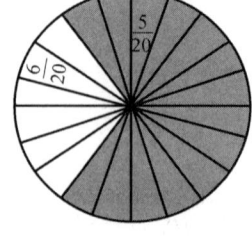

$$\frac{3}{10}+\frac{1}{4} \qquad \frac{5}{20}+\frac{6}{20}$$

$$\frac{3}{10}+\frac{1}{4}=\frac{6}{20}+\frac{5}{20}=\frac{6+5}{20}=\frac{11}{20}$$

答：废金属和纸张在生活垃圾中共占 $\frac{11}{20}$。

(2) 是危险垃圾多还是食物残渣多？多多少？

$$\frac{3}{10}>\frac{3}{20}$$

$$\frac{3}{10}-\frac{3}{20}=?$$

答：_____多，多 $\frac{(\ )}{(\ )}$。

问题：

（1）试分析"异分母分数加、减"的算理与算法。

（2）如指导高、中年级段小学生学习上述内容，试拟定教学目标和重点。

（3）根据拟定的教学目标和重点，设计新授课的教学活动。

教育教学知识与能力(小学)
全真模拟与预测试题 5

注意事项：

考试时间为120分钟，满分150分。

一、单项选择题(本大题共20小题,每小题2分,共40分)

1. 孔子提出了"力行而近乎仁"这一观点,它所反映的德育原则是( )。
   A. 导向性原则   B. 疏导原则
   C. 知行统一原则   D. 因材施教原则

2. 主张让儿童顺其自然地发展,甚至摆脱社会影响的法国教育家是( )。
   A. 杜威   B. 卢梭
   C. 裴斯泰洛奇   D. 洛克

3. 课程的特点在于动手做,在于手脑并用,以获得直接经验,这种课程类型体现的课程理论是( )。
   A. 学科课程   B. 活动课程
   C. 学生课程   D. 隐性课程

4. 编写小学教科书的直接依据是( )。
   A. 课程标准   B. 课程目标
   C. 课程方案   D. 课程计划

5. 心理健康表现为个人具有生命的活力,积极的内心体验和良好的( )。
   A. 社会适应   B. 社会化人格
   C. 精神面貌   D. 精神状态

6. 教师在上课时,运用学生在生活中熟悉或关心的事例导入新课,能使学生产生一种亲切感,也可以介绍新颖醒目的事例,为学生创设引人入胜、新奇的学习情境。这种课堂导入方式属于( )。
   A. 直观导入   B. 练习导入
   C. 事例导入   D. 悬念导入

7. 学校教育对个体发展的特殊功能体现在( )。
   A. 具有开发个体特殊才能和发展个体的功能
   B. 具有即时价值,但不具有延时价值
   C. 具有均衡发展个体的功能
   D. 培养受教育者知识,利用和超越环境的意识和能力

8. 为了将教学活动中教师的主导作用和学生的主体地位统一起来而提出的教学原则是( )。
   A. 启发性原则   B. 直观性原则
   C. 高速度原则   D. 高难度原则

9. 新课改整体设置九年一贯的义务教育课程,在小学阶段( )。
   A. 以综合课程为主

B. 以分科课程为主

C. 分科课程与综合课程相结合

D. 分科课程为主,综合课程补充

10. 从作用的对象看,教育功能可分为( )。
    A. 正向功能与负向功能
    B. 显性功能与隐性功能
    C. 个体功能与社会功能
    D. 显正向功能与隐负向功能

11. 在布鲁姆的教育目标分类系统中,认知领域的目标分为六大类,其中最高水平的认知学习结果是( )。
    A. 应用   B. 分析   C. 综合   D. 评价

12. "因材施教"教育原则依据的是人身心发展的( )。
    A. 阶段性   B. 个别差异性
    C. 顺序性   D. 不均衡性

13. 学生摄影小组举办摄影大赛属于学生课外活动中的( )。
    A. 体育活动   B. 学科活动
    C. 文学艺术活动   D. 科技活动

14. 在学校教育中,教师最主要、最基本的职责是( )。
    A. 培养能力   B. 传授知识
    C. 依法执教   D. 教书育人

15. 试图以心理学"统觉"原理说明教学过程的是( )。
    A. 夸美纽斯   B. 赫尔巴特
    C. 杜威   D. 凯洛夫

16. 教师职业最大的特点在于职业角色的( )。
    A. 系统化   B. 专门化
    C. 复杂化   D. 多样化

17. 学校工作必须坚持以( )。
    A. 教学为主   B. 德育为主
    C. 教师为主   D. 学生为主

18. 成为以后各个时期发展的基础,尤其是青年时期发展同一性的基础,也是形成健康的个性品质的基础的是( )。
    A. 基本的信任感   B. 自主感
    C. 主动感   D. 勤奋感

19. 国家对小学培养什么样的人才的总要求称为( )。
    A. 小学教育目的   B. 小学教育目标
    C. 小学教育原则   D. 小学教育内容

20. 要培养学生独立解决问题的能力,调动学生的学习主动性,是教学的哪一原则( )。

A. 科学性与教育性相结合的原则
B. 启发性原则
C. 因材施教原则
D. 理论联系实际原则

二、简答题(本大题共3小题,每小题10分,共30分)

21. 简述教师专业发展的具体内涵。

22. 简述教学评价的功能。

23. 简述遗传素质在人的身心发展中的作用。

三、材料分析题(本大题共2小题,每小题20分,共40分)

阅读材料,并回答问题。

24. **材料:**

作为一名语文教师,我热爱我的工作,注意在学习中激发学生的学习兴趣,让他们主动参与到教学过程中来。但是,我真的感觉学生有的时候实在是太吵闹了。在讲课过程中,有的学生会在下面说话或插话进来;在自学或做练习时,有的学生会在那里窃窃私语或很自由地讨论问题;在课堂讨论的时候更是难以把握,学生会争论不休;在课间休息时更是乱作一团……

问题:

如果你是这位老师,对于课堂吵闹的现象,你的基本态度和常规做法各是什么?

25. **材料:**

著名哲学家黑格尔当年从神学院毕业的时候,他的老师给他写过一则评语:黑格尔,健康状态不佳。中等身材,不善辞令,沉默寡言。天赋高,判断力健全,记忆力强。文字通顺,作风正派,有时不太用功,神学有成绩,虽然尝试讲道不无热情,但看来不是一个优秀的传道士。语言知识丰富,哲学上十分努力。

问题:

请谈谈这些评语有什么特点?你认为该怎样给学生写评语?

四、教学设计题(本大题有2小题,请任选1小题作答,全部作答只按前1小题计分,共40分)

26.《海底世界》。

你可知道,大海深处是怎样的吗?

海面上波涛澎湃的时候,海底依然很宁静。最大的风浪,也只能影响到海面以下几十米,最强烈的阳光也照射不到海底,水越深光线越暗,五百米以下就全黑了。在这一片黑暗的深海里,却有许多光点像闪烁的星星,那是有发光器官的深水鱼在游动。海底是否没有一点儿声音呢?不是的。海底的动物常常在窃窃私语。你用水中听音器一听,就能听见各种声音:有的像蜜蜂一样嗡嗡,有的像小鸟一样啾啾,有的像小狗一样汪汪,还有的好像在打鼾。它们吃东西的时候发出一种声音,行进的时候发出另一种声音,遇到危险还会发出警报。

海里的动物大约有三万种。它们各有各的活动方法。海参靠肌肉伸缩爬行,每小时只能前进四米。有一种鱼身体像梭子,每小时能游几十千米,攻击其他动物的时候,速度比普通的火车还快。乌贼和章鱼能突然向前方喷水,利用水的反推力迅速后退。还有些贝类自己不动,趴在轮船底下做免费的长途旅行。

海底有高山,有峡谷,也有森林和草地。植物的色彩多种多样,有褐色的,有紫色的,还有红色的。最小的单细胞海藻,要用显微镜才能看清楚。最大的海藻长达二三百米,是地球上最长的生物。

海底蕴藏着丰富的煤、铁、石油和天然气,还有陆地上储藏量很少的稀有金属。

海底真是个景色奇异、物产丰富的世界!

问题:

(1)简要分析该文本的写作特点。

（2）如何指导中年级段的小学生学习本文，试拟定教学目标。

（3）依据教学目标，设计三道练习题，并说明设计意图。

27. 在"平行四边形的认识"这一课上，特别指出平行四边形与三角形不同，容易变形，具有不稳定性，且这种不稳定性在实践中有广泛的应用。

问题：

（1）如何指导高年级段的小学生学习该知识，试拟定教学目标。

（2）根据拟定的教学目标，针对重点、难点设计相应的教学活动并说明理由。

教育教学知识与能力(小学)
全真模拟与预测试题 6

注意事项：

考试时间为120分钟，满分150分。

一、单项选择题（本大题共20小题，每小题2分，共40分）

1. 儿童身心发展具有明显的差异性，这一特点决定了教育工作要（　　）。
   A. 循序渐进　　　B. 因材施教　　　C. 教学相长　　　D. 求同存异
2. "庶"与"富"是"教"的先决条件。首次提出这一教育观点的教育家是（　　）。
   A. 孔子　　　　　B. 孟子　　　　　C. 荀子　　　　　D. 墨子
3. 法国文学家加缪获得诺贝尔文学奖后，第一时间给他的小学老师写了一封信表示感谢。这反映了教师劳动具有（　　）。
   A. 复杂性　　　　B. 延续性　　　　C. 创造性　　　　D. 示范性
4. 在小学生品德发展过程中，起主导作用的因素是（　　）。
   A. 学校　　　　　B. 少年宫　　　　C. 同学　　　　　D. 社会
5. 下列属于学校教育制度内容的是（　　）。
   A. 修业年限　　　　　　　　　　　B. 教学大纲
   C. 课程标准　　　　　　　　　　　D. 课程设置
6. 小学生的手指不小心被教室的门夹伤，教师首先应采取的措施是给学生（　　）。
   A. 揉搓受伤手指　　　　　　　　　B. 吃止痛消炎药
   C. 冷敷受伤手指　　　　　　　　　D. 热敷受伤手指
7. 教育研究主体通过对有意义的教育教学事件、教育教学实践的描述与分析，发掘或揭示内隐于日常事件、生活和行为背后的意义、思想或理念的研究方法是（　　）。
   A. 经验研究法　　　　　　　　　　B. 调查研究法
   C. 行动研究法　　　　　　　　　　D. 叙事研究法
8. 关于儿童"最近发展区"的观点，不正确的是（　　）。
   A. 发展要先于教学，以更好地进行教学
   B. 教学内容应略高于儿童的现有发展水平
   C. 教学要走在发展的前面，以更好地促进发展
   D. 教学应同时考虑儿童现有发展水平和所能达到的水平
9. 小学生喜欢亲近老师，渴望得到夸奖，这种需要属于（　　）。
   A. 生理需要　　　　　　　　　　　B. 安全需要
   C. 归属和爱的需要　　　　　　　　D. 自我实现的需要
10. "笨鸟先飞""勤能补拙"说明（　　）。
    A. 需要对能力有影响　　　　　　　B. 动机对能力有影响
    C. 性格对能力有影响　　　　　　　C. 气质对能力有影响
11. 小明学习非常努力，但是成绩总是不理想，逐渐出现了被动、退缩、无动力的状态，这种心理反应属于（　　）。
    A. 学习焦虑　　　　　　　　　　　B. 习得性无助
    C. 自我估价降低　　　　　　　　　D. 认知功能障碍
12. 根据皮亚杰的理论，能够解决"7×8＝56"这个问题的儿童处于（　　）。
    A. 前运算阶段　　　　　　　　　　B. 直观动作阶段

C. 感知运动阶段　　　　　　　D. 具体运算阶段

13. 小学开设的综合实践活动课程属于（　　）。
①国家课程　②地方课程　③必修课程　④选修课程
A. ①③　　　B. ①④　　　C. ②③　　　D. ②④

14. 林老师教学《借生日》时，先板书"生日"，让学生说说自己生日是哪一天，又是怎样过生日的，接着又板书"借"，并提出问题："每个人都有自己的生日，为什么要借生日？""生日能借吗？"这种导入方法是（　　）。
A. 故事导入　　B. 情境导入　　C. 悬念导入　　C. 直接导入

15. 在古代，中国、古埃及和古希腊的学校中，主要采用的教学组织形式是（　　）。
A. 个别教学　　B. 复式教学　　C. 分组教学　　D. 班级教学

16. 根据教学任务的要求，在校内或校外组织学生进行实际操作，将理论知识运用于实践，以解决实际问题的教学方法是（　　）。
A. 实验法　　B. 演示法　　C. 读书指导法　　D. 实习作业法

17. 曹老师教学《圆的周长》时，讲述了我国古代数学家祖冲之在计算圆周率上的卓越贡献，同学们感到很自豪。曹老师遵循的教学原则是（　　）。
A. 启发性原则　　　　　　　　B. 巩固性原则
C. 因材施教原则　　　　　　　D. 科学性与思想性相统一原则

18. 在教育理论中，教育与教学的关系是（　　）。
A. 结果与过程的关系　　　　　B. 整体与部分的关系
C. 目标与手段的关系　　　　　D. 内容与方法的关系

19. 通常所说的备课要"三备"，除了钻研教材、设计教法之外，还包括（　　）。
A. 研究学生　　B. 设计作业　　C. 设计评价　　D. 指导学法

20. 学生在小组或团队中，通过任务分解，责任分工，协同互助，以完成共同的学习任务。这种学习方式属于（　　）。
A. 掌握学习　　B. 合作学习　　C. 探究学习　　D. 发现学习

二、简答题（本大题共3小题，每小题10分，共30分）

21. 依据遗忘规律如何合理组织复习？

22. 简述文化对教育的制约作用。

23. 简述小学教师撰写操行评语的注意事项。

三、材料分析题(本大题共2小题,每小题20分,共40分)

阅读材料,并回答问题。

24. 材料:

沈老师走进教室,发现黑板上有一幅嘲弄他的漫画,同学们嬉笑不已。沈老师看后笑着说:"头像画得很逼真。这位画画的同学很有天赋,我为班上有这样的人才感到高兴,建议他多向美术老师请教,充分发挥特长,说不定将来会成为美术家呢。"沈老师停顿一下,接着说:"可是这节课不是美术课,而是作文讲评课,现在我把它擦掉好吗?"沈老师正要去擦,只见一位同学疾步走上讲台,向沈老师深深地鞠了一个躬,然后抢过黑板擦,擦掉了他的"得意之作"。

多年以后,一幅赞美老师,反映自己思想转变的美术作品《悔悟》被选为参加全国美术展的参展作品,作者就是当年那位在黑板上画漫画的学生。

问题:

(1)评析沈老师对"漫画事件"的处理。(10分)

(2)谈谈教师在处理课堂突发事件时的注意事项。(10分)

25. 阅读材料,回答问题。

刘老师教学《第一场雪》时,运用各种方式激励学生。学生在质疑时提出的问题有价值,她就说:"你真是个爱思考的孩子!"学生朗读表现出色,她就赞赏说:"读得真好!老师仿佛置身于雪景中,心中无比轻松愉悦。"大家齐读得好,她便说:"老师也被感染了,想美美地读一读。"大家读得不够好时,她首先肯定"读得不错",然后提出希望,"要是能将'嗬'读得不仅能表现出惊讶,还能表现出赞叹的感觉来,就更棒了。"

问题:

(1)评析刘老师对学生课堂表现的评价。(10分)

(2)谈谈"新课改"倡导的评价理念。(10分)

四、教学设计题(本大题有2小题,请任选1小题作答,全部作答只按前1小题计分。共40分)

26. 请认真阅读下文,并按要求作答。

中彩那天

第二次世界大战前,我们家六口人全靠父亲一人工作维持生计,生活很拮(jié)据。母亲常安慰家里人:一个人只要活得诚实,有信用,就等于有了一大笔财富。

父亲是汽车修理厂的技工,技术精湛,工作卖力,深得老板的器重。他梦寐(mèi)以求的是能有一辆属于自己的汽车。

一天放学回家,我看见城里最大的那家百货商店门前挤满了人。原来,一辆崭新的奔驰(chí)牌汽车将以抽奖的方式馈(kuì)赠给中奖者。

当商店的扩音器高声叫着我父亲的名字,表明这辆车已属于我家时,我简直不敢相信那是真的。不一会儿,我看见父亲开着车从拥挤的人群中缓缓驶过。只是,他的神情严肃,看不出中彩带给他的喜悦。

我几次兴奋地想上车与父亲共享这幸福的时刻,都被他赶了下来。我不明白父亲为什么中了彩还不高兴,闷闷不乐地回到家里,向母亲诉说刚才的情形。母亲安慰我说:"不要烦恼,你父亲正面临着一个道德难题。""难道我们中彩得到汽车是不道德的吗?"我迷惑(huò)不解地问。

"过来,孩子。"母亲温柔地把我叫到桌前。只见桌子上放着两张彩票存根,号码分别是05102和05103。中奖的那张号码是05102。

母亲让我仔细辨别两张彩票有什么不同。我看了又看,终于看到中彩的那张右上角有铅笔写的淡淡的K字。母亲告诉我:"K字代表库伯,你父亲的同事。"原来,父亲买彩票时,帮库伯先生捎(shāo)了一张,并作了记号。过后,俩人都把这件事忘了。可以看出,那K字用橡皮擦过,留有淡淡的痕迹。"可是,库伯是有钱人,我们家穷呀!"我激动地说。话音刚落,我听到父亲进门的脚步声,接着听到他在拨电话号码,是打给库伯的。

第二天,库伯先生派人来,把奔驰汽车开走了。那天吃晚饭时,我们全家围坐在一起。父亲显得特别高兴,给我们讲了许多有趣的事情。

成年以后,回忆往事,我对母亲的教诲有了深刻的体会。是呀,中彩那天父亲打电话的时候,是我家最富有的时刻。

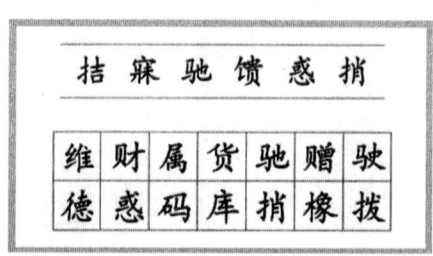

根据上述材料完成下列任务:

(1) 若指导中年级段小学生学习本文,试拟定教学目标。(10分)

(2) 为本课设计3组课堂提问并简要说明理由。(15分)

(3) 为本课设计一则板书并简要说明理由。(15分)

27. 请认真阅读下列材料,并按要求作答。

(1) 依据《义务教育数学课程标准(2011年版)》简要说明如何在本课教学中落实"四基"。(8分)

(2) 若指导六年级学生学习本课,试拟定教学目标。(10分)

(3) 依据拟定的教学目标,设计教学过程。(22分)

教育教学知识与能力(小学)
全真模拟与预测试题 7

注意事项:

考试时间为120分钟,满分150分。

一、单项选择题(本大题共20小题,每小题2分,共40分)

1. "学而不思则罔,思而不学则殆。"这句话出自(　　)。
   A.《学记》　　　B.《论语》　　　C.《大学》　　　D.《师说》

2. 马克思关于人的全面发展学说指出,造就全面发展的人的唯一方法是(　　)。
   A. 脑力劳动与体力劳动相结合　　　B. 智育与体育相结合
   C. 知识分子与工人农民相结合　　　D. 教育与生产劳动相结合

3. 小学生常常"好心办坏事",其原因主要是(　　)。
   A. 道德情感不深　　　B. 道德意志不强
   C. 道德认识不足　　　D. 道德自律不够

4. 我国首次颁布《中华人民共和国义务教育法》确定实施九年义务教育的时间为(　　)。
   A. 1982年　　　B. 1986年　　　C. 2000年　　　D. 2006年

5. 优秀运动员的成功,往往要追溯到启蒙教练的培养。这说明教师劳动具有(　　)。
   A. 创造性　　　B. 长期性　　　C. 示范性　　　D. 复杂性

6. 在教育研究中,透过单向玻璃进行的隐蔽性观察属于(　　)。
   A. 显性观察　　　B. 参与性观察
   C. 隐性观察　　　D. 非参与性观察

7. 如果发现有人煤气中毒,首先应采取的正确措施是(　　)。
   ①立即打开门窗,给房间通风;②给中毒者饮水,防止口渴;③给中毒者盖上衣服保暖;④将中毒者移至空气流通的地方
   A. ①②　　　B. ①④　　　C. ②③　　　D. ③④

8. 在板书写字时,教师常把形近字的相异部分用不同颜色的粉笔写出来,以引起学生的注意,所运用的感觉规律是(　　)。
   A. 感觉适应　　　B. 感觉
   C. 感觉补偿　　　D. 感觉对比

9. 小学生既不想完成作业又不想被老师惩罚,这种心理现象属于(　　)。
   A. 双趋式冲突　　　B. 双避式冲突
   C. 趋避式冲突　　　D. 双重趋避式冲突

10. 小学生在学习了四边形之后再学习平行四边形,这种学习属于(　　)。
    A. 上位学习　　　B. 下位学习
    C. 归属学习　　　D. 并列学习

11. 儿童道德是一个从他律到自律的过程,提出这一理论的心理学家是(　　)。
    A. 罗杰斯　　　B. 皮亚杰
    C. 埃里克森　　　D. 弗洛伊德

12. 对小学生进行减压团体心理辅导时,采用的思想放松方法主要属于(　　)。
    A. 行为疗法　　　B. 艺术疗法

C. 认知疗法　　　　　　　　　　D. 精神分析疗法

13. 按照美国学者古德莱德的课程层次理论,由研究机构、学术团体和课程专家提出的课程属于(　　)。
    A. 理想的课程　　　　　　　　B. 正式的课程
    C. 领悟的课程　　　　　　　　D. 运作的课程

14. 陶行知曾用松树和牡丹比喻人:用松树的肥料培养牡丹,牡丹会瘦死;用牡丹的肥料培养松树,松树会被烧死。这一比喻运用到教学上,所体现的教学原则是(　　)。
    A. 直观性原则　　　　　　　　B. 因材施教原则
    C. 启发诱导原则　　　　　　　D. 循序渐进原则

15. 张老师对《匆匆》一课进行教学设计时,将"体会时间的宝贵,并珍惜时间"作为教学目标之一。该目标属于(　　)。
    A. 知识性目标　　　　　　　　B. 过程性目标
    C. 技能性目标　　　　　　　　D. 情感性目标

16. 综合课程打破了学科界限和知识体系,按照学生发展的阶段,以社会和个人最关心的问题为依据组织内容。这种课程内容的组织形式是(　　)。
    A. 垂直组织　　B. 横向组织　　C. 纵向组织　　D. 螺旋式组织

17. 教师上课时所使用的课件、视频、投影、模型等教学资源属于(　　)。
    A. 教材　　　　B. 教案　　　　C. 教参　　　　D. 教科书

18. 教学目标与任务是选择教学方法的重要依据。有利于实现技能、技巧性教学目标的教学方法是(　　)。
    A. 陶冶法　　　B. 讨论法　　　C. 练习法　　　D. 讲授法

19. 以评价对象自身的状况作为参照标准,对其在不同时期的进步程度进行评定。这种评价属于(　　)。
    A. 绝对评价　　B. 相对评价　　C. 总结性评价　　D. 个体差异评价

20. 贴在教室墙上的课程表也属于一种课程,这种课程属于(　　)。
    A. 学科课程　　B. 活动课程　　C. 隐性课程　　D. 显性课程

二、简答题(本大题共3小题,每小题10分,共30分)

21. 简述知觉的一般特性。

22. 简述学校产生的基本条件。

23. 简述《小学教师专业标准(试行)》提出的基本理念。

三、材料分析题(本大题共2小题,每小题20分,共40分)

阅读材料,并回答问题。

24. 材料:

某小学四(3)班语文老师要求学生用"如果……就……只能……"的句式来谈谈自己的理想。学生甲:"妈妈常对我说,'如果你不好好学习,就考不上大学,考不上大学,只能去当清洁工'。"学生乙:"我爸爸常教育我,'如果你不好好学习,就考不上大学,考不上大学,只能像我一样去打工'。"学生丙:"老师经常告诉我们……"全班绝大多数学生的理想都是"好好学习,考上大学",像电脑里设置的固定答案一样。

问题:

(1)你如何看待"好好学习,考上大学"成为绝大多数学生唯一理想的现象?(10分)

(2)针对这一现象,应如何对小学生进行思想教育?(10分)

25. 材料:

小学数学教材中有这样一个问题:一个服装厂计划做660套衣服,已经做了5天,平均每天做75套。剩下的要3天做完,平均每天要做多少套?

为了让学生积极参与,孙老师把题目改编为:"六一"儿童节要到了,我们三年级要参加表演,需要演出服装160套,爱心服装厂已经做了5天,平均每天做20套。现在离"六一"儿童节还有2天,请你帮忙算算每天需要完成多少套?

问题:

(1)对孙老师成功的教学情境创设进行评析。(10分)

(2)阐述老师处理教材内容时的基本要求。(10分)

四、教学设计题(本大题有 6 小题,请任选 1 小题作答,多答只按第 1 小题计分,共 40 分)

26. 请认真阅读下文,并按要求作答。

材料一 四年级写作课"说说心里话"的教学内容

在自己的成长过程中,你是不是有很多心里话想说,却没有机会说出来?这一次,就让我们在自己的习作中一吐为快吧!例如,对老师说,为了我们的成长,您操碎了心;对妈妈说,我已经长大了,别再把我当小孩看;对邻居叔叔说,谢谢您多年来对我们家真诚的帮助;对小伙伴说,我们不要再互相起外号了,这样不文明……总之,敞开心扉,把自己最想说的心里话,在习作里向对方说一说。说句心里话,就一定要真实,要说出内心的想法。写完后可以读给对方听,再根据别人的意见改一改。

材料二 某小学生的习作

我很想很想变成爸爸,你知道为什么吗?因为当爸爸的话,生气就可以随便打儿子或者打女儿,他们都不可以还手,不然他会被说不尊敬长辈;而且天天穿西装穿皮鞋多帅啊!如果上班当了领导就好了,可以叫别人做这个做那个,那种感觉可真爽呀。如果儿子求我帮他买玩具,可以傲慢地说不买,他会一直求到我帮他买的时候才会停下来,当爸爸好处真多啊!我在告诉你当爸爸的最后一个好处就是……可以随便买东西,想买什么就买什么,当儿子的话什么都不可以买,咦!我想到了还可以当妈妈,我们家爸爸最怕妈妈,不过,我还是很想当爸爸。

根据上述材料完成下列任务:

(1)设计本次写作课的教学目标。(15 分)

(2)分析学生完成该写作内容的难点。(15 分)

（3）为上述学生的习作写一则100字左右的评语。(10分)

27. 请认真阅读下列材料，并按要求作答。

特快列车每小时可行160千米。

普通列车每小时可行106千米。

 它们30小时各行多少千米？

(1) 160 × 30 = 4800（千米）

先口算出16×3=48，再在积的末尾添两个0。

我喜欢这样笔算。

```
  1 6 0
×   3 0
-------
4 8 0 0
```

自己试一试！

(2) 106 × 30 = _____（千米）

| 2 2 0 | 1 6 0 | 3 6 0 | 5 8 0 |
| × 4 0 | × 6 0 | × 2 5 | ×1 2 |

在上面的例题中，特快列车每小时行的路程叫做速度，可以写成160千米/小时。

普通列车的速度可以写成_____。

我每分钟走60米。

小林步行的速度是60米/分钟。

试着写出其他交通工具的速度。

(1) 一辆汽车的速度是80千米/小时，2小时可行多少千米？

(2) 李老师骑自行车的速度是225米/分钟，10分钟可行多少米？

你能发现速度、时间与所行的路程有什么关系吗？

速度×时间＝路程

请根据上述材料完成下列任务：
(1) 什么是模型思想？指出本节课的模型并列举小学数学中的模型。(10分)

（2）若指导中年段学生学习，试拟定教学目标。（10分）

（3）依据拟定的教学目标，设计课堂教学的主要环节，并简要说明理由。（20分）

28．请认真阅读下列材料，并按要求作答。

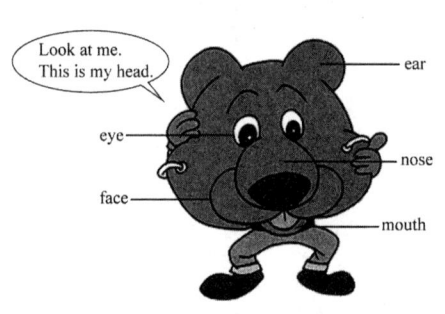

请根据上述材料完成下列任务：
（1）简述英语游戏教学的作用。（10分）

(2)如指导小学生学习,试拟定教学目标。(10分)

(3)依据拟定的教学目标,设计导入环节和操练环节的游戏活动并说明理由。(20分)

29.请认真阅读下述材料,并按要求作答。

乃哟乃

1=D 2/4　　　　　　　　　　　　　土家族儿歌
中速

5 3 5 | 5 3 1 | 5 5 3 | 5 3 1 |
乃哟乃　乃哟嗬,　乃哟　乃哟嗬,

1 5 5 5 | 5 3 | 5 | 5 3 1 |
唱起 歌儿 乃哟　乃　乃哟嗬,

5 1 5 3 | 1 1 | 3 | 5 3 1 |
跳起 舞来 真快　乐　乃哟嗬,

1 1 5 3 | 1 1 | 3 | 5 3 1 ‖
嘻嘻 哈哈 乃哟　乃　乃哟嗬。

请根据上述材料完成下列任务:
(1)简要分析歌曲的特点。(10分)

(2) 如指导低年级段小学生学唱本歌曲,试拟定教学目标。(10分)

(3) 依据拟定的教学目标,设计导入环节并说明理由。(20分)

30. 请认真阅读下列教材,并按要求作答。

脚背内侧传球

动作方法:斜线助跑,助跑方向与出球方向成45度,支撑脚以脚掌外侧积极着地,踏在球的后侧方20~25厘米处,脚尖指向出球方向,身体稍向支撑腿一侧倾斜,支撑脚着地同时,踢球腿以膝关节为轴,由大腿带动小腿成弧线向前摆动,当身体转向出球方向,膝关节摆至接近球的内侧垂直上方时,小腿加速前摆、脚尖稍外转,指向斜下方,脚面绷直,脚趾紧扣,用脚背内侧击球的后中部;击球后,踢球腿随球继续前摆。

请根据上述材料完成下列任务:
(1) 简要说明"脚背内侧传球"的教学重点、难点。(10分)

(2)如果指导水平为三年级的学生练习,试拟定教学目标。(10分)

(3)依据拟定的教学目标,设计不少于三种练习方法并说明理由。(20分)

31. 请认真阅读下列材料,并按要求作答。

巧用瓶盖

小小瓶盖别丢掉,排列组合多巧妙。
妙用以后就知道,变废为美真奇妙。

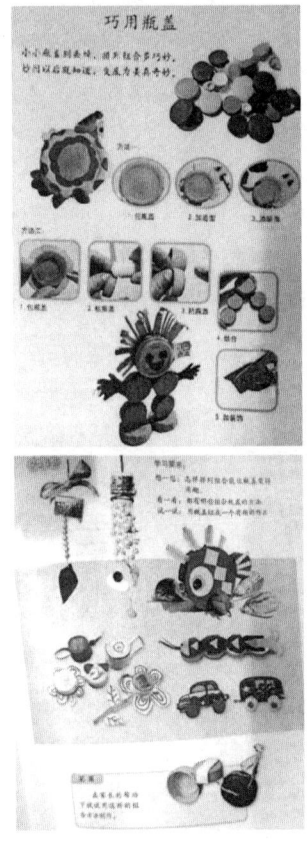

请根据上述材料完成下列任务:
(1)什么是美术设计中的"排列组合"?(10分)

(2)如指导低年段小学生学习,试拟定教学目标。(10分)

(3)依据拟定的教学目标,设计新授环节的教学活动并说明理由。(20分)

教育教学知识与能力(小学)
全真模拟与预测试题 8

注意事项：

考试时间为120分钟，满分150分。

一、单项选择题（本大题共20小题，每小题2分，共40分）

1. "近朱者赤，近墨者黑"，说明在人的身心发展过程中，起决定作用的因素是（　　）。
   A. 遗传　　　　B. 环境　　　　C. 个性差异　　　D. 个人努力

2. 教育史上传统教育派与现代教育派的代表人物分别是（　　）。
   A. 夸美纽斯和布鲁纳　　　　B. 夸美纽斯和杜威
   C. 赫尔巴特和布鲁纳　　　　D. 赫尔巴特和杜威

3. 小林又一次偷拿水果摊上的水果，被老师叫到办公室。老师批评他："为什么总是拿别人的东西？"小林低头回答："我也知道不对，就是有时忍不住。"这说明小林缺乏（　　）。
   A. 道德认识教育　　　　B. 道德情感教育
   C. 道德意志教育　　　　D. 道德行为教育

4. 我国制度化学校教育体系包括（　　）。
   ① 幼儿教育　② 初等教育　③ 中等教育　④ 成人教育　⑤ 高等教育
   A. ①②③④　　　　B. ①②③⑤
   C. ①②④⑤　　　　D. ②③④⑤

5. 与学校教育相比，家庭教育的特点主要表现在（　　）。
   A. 生活性　　　　B. 计划性
   C. 组织性　　　　D. 系统性

6. 有目的、有计划地对事物或现象进行感知以获取资料的研究方法是（　　）。
   A. 历史法　　　　B. 问卷法
   C. 观察法　　　　D. 文献法

7. 儿童出现眼睛干涩、夜盲症，可能是缺乏（　　）。
   A. 维生素A　　　　B. 维生素B
   C. 维生素C　　　　D. 维生素D

8. 当你注视面前这个棱台框架时，一会儿觉得小方框平面位于大方框平面的前面，一会儿又觉得小方框平面位于大方框平面的后面，这种注意反复变化的现象属于（　　）。
   A. 注意分散　　　　B. 注意起伏
   C. 注意分配　　　　D. 注意转移

9. 教师可以通过观察学生的言行举止来了解学生的内心世界。这说明思维具有（　　）。
   A. 间接性　　　　B. 概括性
   C. 理解性　　　　D. 整体性

10. 不受外界环境影响，常用自己的内在标准判断客观事物的人，其认知方式属于（　　）。
    A. 独立型　　　B. 依存型　　　C. 整体型　　　D. 系列型

11. 将强化分为直接强化、替代强化和自我强化的心理学家是（　　）。
    A. 罗杰斯　　　B. 斯金纳　　　C. 班杜拉　　　D. 桑代克

12. 小英到医院打针以后，再遇到穿白大褂的人就会感到害怕。这种心理现象是（　　）。
    A. 内化　　　　B. 泛化　　　　C. 焦虑　　　　D. 移情

13. 按照美国学者古德莱德的课程层次理论，教师在课堂教学中具体实施的课程属于（　　）。

A. 理想的课程 B. 正式的课程
C. 领悟的课程 D. 运作的课程

14. 荀子在《劝学篇》中指出："不积跬步,无以至千里,不积小流,无以成江海。"这句话所蕴含的教学原则是( )。
A. 循序渐进原则 B. 因材施教原则
C. 启发诱导原则 D. 直观性原则

15. 在教学《长方形和正方形周长》时,张老师将"能够正确计算长方形和正方形的周长"拟定为教学目标之一。该目标属于( )。
A. 知识性目标 B. 过程性目标
C. 技能性目标 D. 情感性目标

16. 按照由易到难、由简到繁的顺序编排课程内容。这种组织方式属于( )。
A. 横向组织 B. 水平组织 C. 纵向组织 D. 综合组织

17. 体现国家对学校的统一要求,作为学校办学的基本纲领和重要依据的是( )。
A. 课程计划 B. 课程标准 C. 教学大纲 D. 教学目标

18. 小学科学课上,教师指导学生通过显微镜观察植物的内部结构,获得有关植物的知识。这种教学方法属于( )。
A. 参观法 B. 实验法 C. 演示法 D. 实习法

19. 新学期第一堂体育课,张老师对学生进行体能测试,以作为分组教学的依据,这种教学评价属于( )。
A. 过程性评价 B. 总结性评价
C. 诊断性评价 D. 个体内差异评价

20. 根据《基础教育课程改革纲要(试行)》的要求,我国小学现阶段既开设语文、数学、英语等分科课程,又开设科学、艺术等综合课程。这体现了课程结构具有( )。
A. 综合性 B. 均衡性 C. 选择性 D. 时代性

二、简答题(本大题共3小题,每小题10分,共30分)

21. 简述马斯洛的需要层次理论。

22. 儿童身心发展个别差异性表现在哪些方面？

23. 简述《小学教师专业标准(试行)》中"学生为本"的基本理念。

三、材料分析题(本大题共2小题,每小题20分,共40分)

阅读材料,并回答问题。

24. 材料:

唐老师布置学生回家用泥巴做手工,要求留意制作的过程和感受,给作文积累素材。谁知不久,小强爸爸气势汹汹地来到办公室,对唐老师大吼:"老师,为啥娃儿回家不做作业,就玩泥巴?"唐老师没有生气,和颜悦色地对家长说:"您的心情我理解,但我先读一篇作文给您听,可以吗?"于是,唐老师就把小强在作文课上写的作文读了一遍,大致内容是:周末,他用泥巴好不容易制成了一辆"新型坦克",很是得意,不料老爸一见,就将他的"成果"狠狠地摔个粉碎,还骂自己不务正业,他非常难过……

读罢文章,唐老师给家长讲明为什么要安排孩子回家做这样的作业。家长听后连声道歉,说:"是我不对,我还以为您就是让学生玩呢。"

问题:

(1)评析唐老师与家长沟通的做法。(10分)

(2)试述家校合作应遵循的基本要求。(10分)

25. 阅读材料,回答问题。

杨老师在教学"分数的基本性质"课时,设计了这样的教学导入:

同学们,在学习新内容之前,我先给大家讲个故事。猴山上的小猴子们最喜欢吃猴王做的饼。有一天,猴王做了三块大小一样的饼分给小猴子们吃。它先把第一块饼平均切成四块,分给甲猴一块。乙猴见到说:"太少了,我要两块。"猴王就把第二块饼平均切成八块,分给乙猴两块。丙猴更贪吃,它抢着说:"我要三块,我要三块。"于是猴王又把第三块饼平均切成十二块,分给丙猴三块。老师想问问同学们,是不是最贪吃的丙猴分得最多呢?猴王为什么要这么切呢?学习了"分数的基本性质"你就清楚了。

问题:

(1) 评价杨老师所设计的教学导入环节。(10分)

(2) 小学课堂教学环节中常用的导入方式有哪些?(10分)

四、教学设计题(本大题有4小题,请任选1小题作答,多答只按第1小题计分,共40分)

26. 请认真阅读下列材料,并按要求作答。

草

白居易

离离原上草,

一岁一枯荣。

野火烧不尽,

春风吹又生。

枯(kū) 荣(róng)

根据上述材料完成下列任务:

(1) 描写该诗的意境并分析主题。(10分)

(2) 如指导小学二年级学生学习该材料,试拟定教学目标。(12分)

(3) 设计针对生字"枯"的写字指导过程。(18分)

27. 请认真阅读下列材料,并按要求作答。

四年级同学去秋游,每套车票和门票49元,一共需要104套票。要带多少钱?

$49 \times 104 = $ _____ (元)

49≈50	49≈50
104≈100	104≈110
50×100=5000	50×110=5500
应该准备5000元。	应该准备5500元。

 练 习 十

(1) 下列各数字是怎样估计的?
　① 《新编小学生字典》有592页,大约是(　)页。
　② 小俊每分钟打字108个,大约是(　)个。
　③ 本校有学生688个,大约是(　)人。
　④ 李平大叔今年的橘子1328千克,大约是(　)千克。

(2) 刘宁走一步的平均长度是62厘米,他从操场这头走向那头,共走了252步,操场大约长多少米?

(3)  沙坪小学有学生612人,全乡有这样的小学19所,全乡有多少名小学生?

(4) 燕鸥从北极飞到南极,行程是17000千米,如每天飞780千米,20天能飞到吗?

请根据上述材料完成下列任务:
(1) 简述估算与精算的区别。(10分)

(2) 如指导中年级段小学生学习,试拟定教学目标。(10分)

(3) 依据拟定的教学目标,设计新授环节的教学活动并说明理由。(20分)

28. 请认真阅读下列材料,并按要求作答。

大鼓和小鼓

[日]小林纯一 词
[日]中田喜直 曲
陈永莲 译配

1=C 2/4

| 3 3 | 1 1 | 5̣ 5̣ | 3 3 | 1 1 | 5 5 5 |
敲起了 大鼓 嗵嗵, 敲起了 小鼓 咚咚咚。

| 6 5 | 3 3 | 5 3 | 2 2 | 5̣ 5̣ | 1 1 1 ‖
敲起了 大鼓, 敲起了 小鼓, 嗵嗵, 咚咚咚。

请根据上述材料完成下列任务:
(1) 简要分析歌曲的特点。(10分)

(2) 如指导低年级段小学生学唱本歌曲,试拟定教学目标。(10分)

(3) 依据拟定的教学目标,结合歌曲的学习,设计"音的高低"知识点教学环节并说明理由。(20分)

29. 请认真阅读下列材料,并按要求作答。

前滚翻

动作方法:直立,蹲撑,两手与肩同宽体前撑垫,两脚蹬地(腿蹬直),重心前移,使头后、肩、背、腰、臀依次着垫,当滚至背部着垫时,迅速屈膝收腿,两手抱小腿,团身向前滚动成蹲立。

请根据上述材料完成下列任务:

(1) 简要说明"前滚翻"的教学重点、难点。(10分)

(2) 如果指导二年级的学生练习前滚翻,试拟定教学目标。(10分)

(3) 依据拟定的目标,设计易犯错误的纠正方法并说明理由。(20分)

教育教学知识与能力(小学)
全真模拟与预测试题 9

注意事项：

考试时间为120分钟,满分为150分。

一、单项选择题(本大题共20小题,每小题2分,共40分)

1. 我国古代内发论的代表人物是( )。
   A. 荀子　　　　B. 孔子　　　　　C. 孟子　　　　　　D. 墨子

2. 根据教学评价的参照指标,可分为( )。
   A. 内部评价和外部评价
   B. 形成性评价和总结性评价
   C. 个体内差异评价和诊断性评价
   D. 相对性评价、绝对性评价和个体内差异评价

3. 从迁移的观点来看,"温故而知新"属于( )。
   A. 顺向负迁移　　　　　　　　　B. 逆向负迁移
   C. 逆向正迁移　　　　　　　　　D. 顺向正迁移

4. ( )是个体对自身以及对自己同客观世界的关系的意识,是个性结构的重要组成部分,标志着个性形成的水平。
   A. 自我认知　　　　　　　　　　B. 自我意识
   C. 自我体验　　　　　　　　　　D. 自我监控

5. 教育行动研究的主体是( )。
   A. 专职的科研人员
   B. 教师
   C. 科研群体研究者和个体研究者
   D. 学生

6. 下列关于班级管理的描述,错误的是( )。
   A. 班级管理是直线式发展的静态过程
   B. 班级管理的内容主要有班级组织建设、班级制度管理、班级教学管理和班级活动管理
   C. 班级组织产生的根本原因是为了更有效地实施教学活动
   D. 班级管理的基本功能是调动班级成员的积极性,共同建立良好班集体

7. 一般认为,( )是构成教学过程的基本要素。
   A. 教师、学生、教学内容和教学手段
   B. 教师、学生、教学内容和教学目的
   C. 教师、学生、教学环境和教学手段
   D. 教师、学生、教学内容和反馈

8. 班级授课制可以用哪三个字概括?( )
   A. 班、课、时　　　　　　　　　B. 班、课、师

C. 班、师、时   D. 课、师、时

9. 第一学段中"数与代数"的主要内容包括：数的认识、数的运算、常见的量和（　　）。
   A. 式与方程   B. 数与式
   C. 图形与位置   D. 探索规律

10. 在公开课上讲《荷花》一课时，出现了下列四种情况，其中不属于教师精心安排的是（　　）。
    A. 教师在讲完课后，黑板上的板书上有"天头"，下有"地脚"，给人一种美的享受
    B. 在授课过程中，教师适时展现关于荷花的美丽景色图，以更好地启发学生想象
    C. 教师领读课文时，站在讲台"黄金分割点"的位置上向学生朗读
    D. 学生在教师授完课后，因为感受到了荷花的美丽而不由自主产生共鸣，纷纷产生遐想……

11. 由教师引导学生根据板书或教师的提问，把本节课的主要内容进行整理复述，让学生再一次明确本节课学了什么内容。这是课堂总结（　　）的体现。
    A. 图表法   B. 呼应法
    C. 复述法   D. 比较法

12. 认同是在思想、情感、态度和行为上主动接受他人的影响，使自己的态度和行为（　　）。
    A. 与他人基本相同   B. 与大家保持一致
    C. 被他人认可   D. 被他人赞许

13. 下列词语属于数学课程标准中刻画知识技能的目标动词的是（　　）。
    A. 经历   B. 体验
    C. 探索   D. 掌握

14. 学生学习了角之后，再学习锐角、直角和钝角，这种教学利用的迁移是（　　）。
    A. 逆向迁移   B. 水平迁移
    C. 负迁移   D. 垂直迁移

15. 能否自觉关注（　　）是衡量一个教师是否成熟的重要标志之一。
    A. 情境   B. 学生
    C. 生存   D. 自身专业成长

16. 我国现行实施的学制是（　　）。
    A. 单轨制   B. 双轨制
    C. 混合制   D. 分支型学制

17. 根据埃里克森的人格发展阶段论，进入小学阶段的儿童的主要发展任务是（　　）。
    A. 培养自主感，克服羞耻感   B. 培养主动感，克服内疚感
    C. 培养勤奋感，克服自卑感   D. 培养自我同一性，克服角色混乱

18. 要求学生略知图形的两个简单性质，这种教学要求属于（　　）。
    A. 直观认识   B. 初步认识
    C. 认识   D. 掌握

19. 以下做法小学语文课程不倡导的是(　　)。
    A. 自主合作　　　　　　　　　B. 生动活泼
    C. 单一讲授　　　　　　　　　D. 丰富的实践活动

20. 数学是人类的一种文化,它的内容、思想、(　　)是现代文明的重要组成部分。
    A. 数据与整理　　　　　　　　B. 推理和证明
    C. 方法和语言　　　　　　　　D. 计算与估算

二、简答题(本大题共3小题,每小题10分,共30分)

21. 小学生记忆发展的特点有哪些?

22. 小学生的卫生保健应该注意哪些方面?

23. 简述新课程改革下的课堂教学中情境创设的具体应用。

三、材料分析题(本大题共2小题,每小题20分,共40分)

24. 有人认为在课堂中师生保持"零距离接触",学生回答教师的问题,做教师要求做的事,只要有这种共同活动就是师生互动。

问题:

你认为这种说法对吗?为什么?

25. 小雪的母亲逢人便夸她的女儿多么聪明,在班上学习总是前几名,而且在书画、歌咏比赛中获得了市里的一、二等奖,可谓多才多艺。然而美中不足的是,她与同学相处不好,同学关系紧张。由于小雪多才多艺,学习又好,再加上家庭比较富有,她时常瞧不起班上的其他同学。在学习上,如果有同学向她请教问题,她会随口说:"这问题太简单了。"当看到别人的穿着一般时,她会说:"这衣服太不好了,买件贵点儿的穿上吧。"她给人的感觉仿佛她就是"小公主"。有时她自己做错事了,也不承认错误,还多方辩解,甚至有时为了获得荣誉还弄虚作假。

问题:

结合上述材料,谈谈如何矫正小学生的以自我为中心的心理。

四、教学设计题(本大题有 2 小题,请任选 1 小题作答,全部作答只按前 1 小题计分,共 40 分)

26. 请认真阅读下文,并按要求作答。

(1) 简要分析该文本的写作特点。(10 分)

(2) 如何指导中年段小学生学习本文,试拟定教学目标。(10 分)

（3）依据教学目标，设计三道练习题，并说明设计意图。（10分）

27. 请认真阅读下列材料，并按要求作答。

请根据上述材料完成下列任务：
（1）美术语言的造型元素主要包括哪些？（10分）

(2)如指导低年级段小学生学习该材料,试拟定教学目标。(10分)

(3)依据拟定的教学目标,设计新授环节的教学活动并说明理由。(20分)

教育教学知识与能力(小学)
全真模拟与预测试题 10

注意事项：

考试时间为120分钟,满分为150分。

一、单项选择题(本大题共20小题,每小题2分,共40分)

1. 在世界教育学史上,被公认为第一本现代教育学著作的是(　　)。
   A. 凯洛夫的《教育学》　　　　　　　　B. 卢梭的《爱弥儿》
   C. 赫尔巴特的《普通教育学》　　　　　D. 布鲁纳的《教学论》

2. 学校管理过程的中心环节是(　　)。
   A. 实施　　　　B. 计划　　　　C. 检查　　　　D. 总结

3. 墨子认为:"国有贤良之士众,则国家之治厚;贤良之士寡,则国家之治薄。"这一思想体现的是教育的(　　)功能。
   A. 政治　　　　　　　　　　　　　　　B. 经济
   C. 文化　　　　　　　　　　　　　　　D. 育人

4. 下列说法错误的是(　　)。
   A. 晨会活动的特点是简短性、及时性、教育性
   B. 班会活动分为班级例会和主题班会两种形式
   C. 班级活动包括晨会活动、班会活动和少先队活动
   D. 少先队的组织机构是依照民主集中制的原则建立的

5. 目前我国基础教育实施"一纲多本"的教材使用原则,这里的"纲"指的是(　　)。
   A. 教学原则　　　　　　　　　　　　　B. 课程计划
   C. 教学计划　　　　　　　　　　　　　D. 课程标准

6. 课程内部各要素、各成分间的联系和结构方式往往可以用数量关系来说明,这表明课程结构具有(　　)。
   A. 可替代性　　　　　　　　　　　　　B. 可转换性
   C. 可度量性　　　　　　　　　　　　　D. 可操作性

7. 有意记忆开始占主导地位是从小学(　　)开始的。
   A. 二年级　　　　　　　　　　　　　　B. 三年级
   C. 四年级　　　　　　　　　　　　　　D. 五年级

8. "一齐人傅之,众楚人咻之,虽日挞而求其齐也,不可得矣;引而置之庄岳之间数年,虽日挞而求其楚,亦不可得矣。"这说明了(　　)对人的影响。
   A. 父母　　　　　　　　　　　　　　　B. 环境
   C. 教师　　　　　　　　　　　　　　　D. 教学方法

9. 在教育调查研究中,最基本、使用最广泛的方法是(　　)。
   A. 访谈调查　　　　　　　　　　　　　B. 调查表法
   C. 查阅资料法　　　　　　　　　　　　D. 问卷调查

10. 夸美纽斯曾说过:"过度的练习和过度需要记忆的功课,使人恶心。"这句话表明教学应

遵循( )。
   A. 直观性原则   B. 量力性原则
   C. 创新性原则   D. 主体性原则

11. 小王同学打扫卫生时打碎了一盘玻璃杯,小李同学偷吃零食时打碎了一个玻璃杯,处于他律道德阶段的儿童会认为( )。
   A. 小王同学错误大   B. 小李同学错误大
   C. 两者都没错   D. 两者错误一样大

12. 有的学生在初学英语单词时,常常在单词旁边标注汉字,如把"school"标注成"司库儿"来记忆。这样的记忆方法属于( )。
   A. 形象联想法   B. 谐音联想法
   C. 首字连词法   D. 位置记忆法

13. 在品德形成的认同阶段,个体在思想、情感、态度和行为上主动接受他人的影响,试图使自己在态度和行为上( )。
   A. 与他人基本相同   B. 与大家保持一致
   C. 被他人认可   D. 与他人思想接近

14. ( )是个体对自身以及对自己同客观世界的关系的意识,是个性结构的重要组成部分,标志着个性形成的水平。
   A. 自我认知   B. 自我意识
   C. 自我体验   D. 自我监控

15. 百米竞赛的预备信号与起跑信号间隔2秒比较合适,相隔太长时间才发起跑信号会影响运动员的成绩,其原因是( )。
   A. 注意的选择   B. 注意的分配
   C. 注意的起伏   D. 注意的指向

16. 在语文、政治、历史等文科课程中经常使用的教学方法是( )。
   A. 演示法   B. 参观法
   C. 讲述法   D. 讲解法

17. 教材的主体是( )。
   A. 教学指导用书   B. 教科书
   C. 参考书   D. 辅导资料

18. 对学生思想品德的形成和发展起动力作用的主要因素是( )。
   A. 品德认识   B. 品德意志
   C. 品德情感   D. 品德行为

19. 当遇到火灾时,以下逃生方法中错误的是( )。
   A. 在逃生过程中及时关闭防火门、防火卷帘门等防火分隔物
   B. 身上着火时马上设法把衣帽脱掉
   C. 火大时应用水将全身淋湿,用湿布、湿毛巾、衣服或手帕掩住口鼻或在喷雾水枪掩护下迅速撤离

D. 起火时乘坐电梯离开

20. 对小学生而言,为了将其注意力集中于重点内容上,并促进其理解和记忆,就应该对教材中的重点部分进行(　　)。
    A. 摘录和画线
    B. 分析和写标题
    C. 分析和列提纲
    D. 做笔记

二、简答题(本大题共3小题,每小题10分,共30分)

21. 简述小学班级活动的基本途径。

22. 简述教师专业发展的内容。

23. 简述柯尔伯格的道德发展阶段论。

三、材料分析题(本大题共2小题,每小题20分,共40分)

阅读材料,并回答问题。

24. 材料:

我在读《在南极的日子》这篇课文前,用征求的目光巡视了一下全班同学,诚恳地说:"老师要读课文了,你们对老师有什么建议和要求吗?"孩子们稍加思索,大胆地说道:"我希望老师的声音要洪亮。""老师读的时候要把作者和考察队员之间的深厚感情表达出来。"我读完后,学生纷纷举起了小手,"老师读得很好,很有感情。""老师的声音有的地方不够洪亮。'今天,纪念碑揭幕,智利、苏联、乌拉圭和民主德国的考察队的队员和孩子们都来了'这一句中有几个国家,我就没有听清楚。"我对学生点点头,微笑着说:"谢谢同学们,我再读的时候一定注意。"接着,我又充满感情地读了一遍,学生高兴极了,他们有的露出了会心的笑容,有的竖起了大拇指,因为他们觉得老师真的听从了自己的意见和建议,和自己一起读书、一起学习了。

问题:

请根据材料中教师的课堂表现,谈谈你对课堂评价方式的理解。

25. 材料：

一个女生把一个男生写给她的情书交给了班主任。为了严厉教育学生,班主任对这个男生进行了严厉的批评;同时为了"杀一儆百",班主任在班会课上公开了情书,导致该男生最终退学。

问题：

请用德育规律和德育原则对上述材料进行分析。

四、教学设计题(本大题有 3 小题,请任选 1 小题作答,全部作答只按前 1 小题计分,共 40 分)

26. 根据小学一年级上册《ɑ o e》的教学内容,回答下列问题。

(1)简述汉语拼音教学的方法。(10 分)

(2)若指导小学一年级学生学习拼音,拟定本次课程的教学目标。(10 分)

(3)为激发学生的学习兴趣,请为本次教学设计几个教学游戏。(20 分)

27. 根据下列提供的"三角形"教材内容,回答下面的问题。

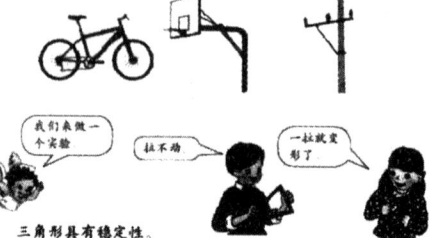

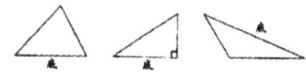

根据上述材料完成下列问题。

（1）确定本节课的教学目标。（10分）

（2）确定本节课的教学重点和难点。（10分）

(3) 根据确定的教学目标和教学重点,设计本节课的教学过程。(20分)

28. 请认真阅读下面的材料并按要求作答。

根据上述材料完成下列问题。

(1) 简要分析歌曲的特点。(10分)

（2）若是小学三年级的学生学唱这首歌曲，请拟定教学目标。（10分）

（3）结合拟定的教学目标和歌曲学习，设计课堂教学过程。（20分）

综合素质(小学)
全真模拟与预测试题 1—10 参考答案

综合素质（小学）全真模拟与预测试题1
参考答案

一、单项选择题(本大题共29小题,每小题2分,共58分)

1—5　AACCD　　6—10　ACBAB　　11—15　ACBDA
16—20　BABCD　　21—25　ABABA　　26—29　CBDA

二、材料分析题(本大题共3小题,每小题14分,共42分)

30.【答案要点】

（1）案例中学生"压力"过大,导致身心不健康都是由错误的教育理念引起的。作为在教育中担当重任的教师,只有树立正确的职业理念,才能有效地与家长沟通,减少学生过多的负担与压力。(1分)

（2）素质教育。素质教育要求教育活动应当指向人的整体的、全面的发展,使得人的整体品质、全面素质得到提升。素质教育要以培养学生的创新精神和实践能力为重点。教师应该注重学生的全面发展,而不是只专注于学生的考试成绩,这样才能减少学生的紧张情绪和过重的心理负担。(4分)

（3）育人为本。把学生看做学习的主体,促进学生主动发展;把学生作为一个整体,帮助学生在学习知识的同时,促进道德情感的发展;把学生作为有差异、有个性的人,使每个学生都有一定程度的发展;把学生当作有发展潜力的人。(4分)

（4）教师观。教师是学生发展的指导者、支持者和合作者。教师在教育活动中,以学生为主体,注重学生的身心发展;同时做好与家长的沟通工作,避免家长过分片面地追求学生的考试成绩,让学生能够以轻松愉快的心情进行学习。(5分)

（如不结合材料说明,酌情扣1—3分。）

31.【答案要点】

（1）上述材料中教师的行为违背了教师职业道德,严重伤害了马小君同学的身心健康,学校领导和相关部门应对其进行惩罚。若情节严重,可将其解聘。(2分)

（2）关爱学生。要求老师关心、爱护全体学生,尊重学生人格,平等、公正地对待学生。对学生严慈相济,做学生良师益友。保护学生安全,关心学生健康,维护学生权益。不讽刺、挖苦、歧视学生,不体罚或变相体罚学生。焦老师当着全班同学的面,打了马小君同学几个耳光的行为,不仅是不尊重学生人格,而且是体罚学生的表现,不利学生的身心健康。(4分)

（3）教书育人。要求教师遵循教育规律,实施素质教育。循循善诱,诲人不倦,因材施教。不以分数作为评价学生的唯一标准。焦老师在教室里打人的行为,显然没有做到"教书育人",存在着"以分数论英雄"的倾向。(4分)

（4）为人师表。要求老师坚守高尚情操,知荣明耻,严于律己,以身作则。衣着得体,语言规范,举止文明。焦老师"打脸、打背、打手、踢腿"的行为,给学生做出了错误的示范,不利于学生形成良好的行为习惯。(4分)

32.【答案要点】

（1）运用"总是……再是……也会……"句型。

(2) 运用反复的写法,突出强调了年轻时去远方漂泊的重要性,也使表意更全面。

(3) 长短句式结合,使表达既抒情典雅,又不失活泼;整句与散句结合,句子整齐、有力地表达了年轻时去远方漂泊的重要性。

(每个要点5分,满分为14分。若有其他分析,可酌情给分。)

三、写作题(本大题1小题,50分)

33.

<table>
<tr><th colspan="2"></th><th>20—16分</th><th>15—11分</th><th>10—6分</th><th>5—1分</th></tr>
<tr><td rowspan="2">基础等级</td><td>内容
20分</td><td>符合题意
中心突出
内容充实
思想健康</td><td>符合题意
中心突出
内容较充实
思想健康</td><td>基本符合题意
中心基本突出
内容单薄
思想基本健康</td><td>偏离题意
中心不明确
内容不当
思想不够健康</td></tr>
<tr><td>表达
20分</td><td>符合文体要求
结构严谨
语言流畅</td><td>符合文体要求
结构完整
语言通顺</td><td>基本符合文体要求
结构基本完整
语言基本通顺</td><td>不符合文体要求
结构混乱
语句不通</td></tr>
<tr><td>发展等级</td><td>特征
10分</td><td colspan="4">1. 观点深刻:(1)透过现象深入本质;(2)揭示事物内在的因果关系;(3)观点具有启发作用
2. 表现力强:(4)立意高远;(5)材料丰富;(6)论据充足;(7)论证严密
3. 有文采:(8)用词准确;(9)句式灵活;(10)善用修辞;(11)文句富有表现力
4. 有创意:(12)见解新颖;(13)材料新鲜;(14)构思新巧;(15)推理想象有独到之处;(16)有个性特征</td></tr>
</table>

说明:

(1) 基础等级项,要兼顾"内容"与"表达"两个方面。"题意"项以符合所给材料的内容为准。

(2) 发展等级项,不求全面,可根据"特征"4项16点中若干突出点按等级评分。

(3) 错别字、标点错误每处扣1分,最高扣3分。

综合素质(小学)全真模拟与预测试题 2
参考答案

一、单项选择题(本大题共 29 小题,每小题 2 分,共 58 分)

1—5　DABDA　　6—10　DDBBC　　11—15　BBABB
16—20　CCDAC　　21—25　CDBCC　　26—29　ACAB

二、材料分析题(本大题共 3 小题,每小题 14 分,共 42 分)

30.【答案要点】

(1)对 A 教师的评析:

① A 教师根据"以人为本"的教育理念处理课堂偶发事件;② A 教师坚持学生是学习的主体,因势利导,引导学生学习;③ A 教师促进学生主动发展;④ A 教师将自己视为学生发展的指导者、支持者和合作者,以学生为主体,引导学生表达自己的观点,促进学生的表达能力和写作能力的发展。(8 分)

(2)对 B 教师的评析:

① B 教师的处理方式则是以教师为中心,以课堂为中心,以教材为中心;② B 教师强调教师的主体地位;③ B 教师视自己是课堂的控制者,以完成教育任务为追求。(6 分)

(如不结合材料说明,酌情扣 1—3 分。)

31.【答案要点】

(1)李老师私自拆阅学生高某信件的行为和在班会上宣读高某信件的行为是不正确的。因为上述行为违反了《中华人民共和国未成年人保护法》第 30 条"任何组织和个人不得披露未成年人的个人隐私"和第 31 条"对未成年人的信件,任何组织和个人不得隐匿、毁弃;除因追查犯罪的需要由公安机关或者人民检察院依照法律规定的程序进行检查,或者对无行为能力的未成年人的信件由其父母或者其他监护人代为开拆外,任何组织或者个人不得开拆"的规定。(6 分)

(2)李老师有对学生进行教育和管理的职责。但教师对学生的教育和管理必须建立在尊重学生人格、平等相待的基础上。(4 分)

(3)《教师法》规定,教师要"关心、爱护全体学生,尊重学生人格,促进学生在品德、智力、体质等方面全面发展"。尊重学生、平等对待学生是教师的最基本的职业道德,不能借口教育和爱护学生而侵犯学生的合法权益。本案例中,李老师不适当的教育方式对学生高某的离家出走负有不可推卸的责任。(4 分)

(如不结合材料说明,酌情扣 1—3 分。)

32.【答案要点】

(1)告诫青年生活在应用科学的时代,要用理性的态度对待应用科学研究及其成果。(5 分)

(2)这一点是指不仅要关心应用科学本身,更要关心怎样组织人的劳动和产品分配这样一些尚未解决的重大问题,用以保证我们科学思想的成果会造福人类,而不致成为祸害。应用科学既节约了劳动,又使生活更加舒适,但给我们的幸福却很少,因为我们还没有学会怎样正当地去使用它。比如在战争时期,应用科学给了人们相互毒害和相互残杀的手段。在和平时期,应用科学使我们的生活匆忙和不安定,使人成为机器的奴隶,使人惶恐和不安。因此除了研究应用科学本身,更要注意应用科学的正确使用,保证应用科学为人类造福、为社会进步发挥作用。(9分,如不结合实际展开说明,酌情扣2—4分)

三、写作题(本大题1小题,50分)

33.

		20—16分	15—11分	10—6分	5—1分
基础等级	内容20分	符合题意 中心突出 内容充实 思想健康	符合题意 中心突出 内容较充实 思想健康	基本符合题意 中心基本突出 内容单薄 思想基本健康	偏离题意 中心不明确 内容不当 思想不够健康
	表达20分	符合文体要求 结构严谨 语言流畅	符合文体要求 结构完整 语言通顺	基本符合文体要求 结构基本完整 语言基本通顺	不符合文体要求 结构混乱 语句不通
发展等级	特征10分				

发展等级	特征10分	1. 观点深刻:(1)透过现象深入本质;(2)揭示事物内在的因果关系;(3)观点具有启发作用 2. 表现力强:(4)立意高远;(5)材料丰富;(6)论据充足;(7)论证严密 3. 有文采:(8)用词准确;(9)句式灵活;(10)善用修辞;(11)文句富有表现力 4. 有创意:(12)见解新颖;(13)材料新鲜;(14)构思新巧;(15)推理想象有独到之处;(16)有个性特征

说明:

(1)基础等级项,要兼顾"内容"与"表达"两个方面。"题意"项以符合所给材料的内容为准。

(2)发展等级项,不求全面,可根据"特征"4项16点中若干突出点按等级评分。

(3)错别字、标点错误每处扣1分,最高扣3分。

综合素质（小学）全真模拟与预测试题 3
参考答案

一、单项选择题（本大题共 29 小题，每小题 2 分，共 58 分）

1—5　DBDCA　　6—10　ABAAB　　11—15　CAACD
16—20　ABDCC　　21—25　ABACC　　26—29　CBCC

二、材料分析题（本大题共 3 小题，每小题 14 分，共 42 分）

30.【答案要点】
（1）陈老师坚持以人为本：① 以促进学生发展为目的；② 全面看待学生，确立学生的主体地位；③ 尊重热爱学生；④ 因材施教，促进学生的个性发展。
（2）陈老师将自己看作促进学生发展的指导者、塑造学生心灵的工程师。
（如不结合材料说明，酌情扣 1—3 分。）

31.【答案要点】
（1）评析（8 分）
张老师的行为表现出良好的职业道德修养。
① 张老师为人师表，严于律己，以身作则；
② 张老师关心集体，团结协作；
③ 张老师教书育人，诲人不倦；
④ 培养学生良好品行，促进学生全面发展。
（2）启示（6 分）
① 遵循教育规律，引导学生自觉；
② 以身作则，以自身行为诱导学生；
③ 注重自身修养，做好学生表率；
④ 团结协作，注意发挥集体的力量。

32.【答案要点】
（1）① 自信、沉稳、果断；② 强调、不容置疑；③ 对隔壁店主的疑惑微露不悦。（3 分）
（2）① 自感技不如人；② 自觉羞愧；③ 不守行业规矩，终究难以立足。（3 分）
（3）①"走眼"是贯穿全文的线索；②"走眼"是全文的主要事件；③"走眼"在文中具有正话反说的效果，较好地突出了主题。（4 分）
（4）小说塑造了一个阅历丰富、洞悉人心、为人仗义、精通业务的商人形象，揭示了经商与做人一样，都应该诚信、宽厚、与人为善的主旨。（4 分）

三、写作题(本大题 1 小题,50 分)

33.

		20—16 分	15—11 分	10—6 分	5—1 分
基础等级	内容 20 分	符合题意 中心突出 内容充实 思想健康	符合题意 中心突出 内容较充实 思想健康	基本符合题意 中心基本突出 内容单薄 思想基本健康	偏离题意 中心不明确 内容不当 思想不够健康
	表达 20 分	符合文体要求 结构严谨 语言流畅	符合文体要求 结构完整 语言通顺	基本符合文体要求 结构基本完整 语言基本通顺	不符合文体要求 结构混乱 语句不通
发展等级	特征 10 分	1. 观点深刻:(1)透过现象深入本质;(2)揭示事物内在的因果关系;(3)观点具有启发作用 2. 表现力强:(4)立意高远;(5)材料丰富;(6)论据充足;(7)论证严密 3. 有文采:(8)用词准确;(9)句式灵活;(10)善用修辞;(11)文句富有表现力 4. 有创意:(12)见解新颖;(13)材料新鲜;(14)构思新巧;(15)推理想象有独到之处;(16)有个性特征			

说明:
(1)基础等级项,要兼顾"内容"与"表达"两个方面。"题意"项以符合所给材料的内容为准。
(2)发展等级项,不求全面,可根据"特征"4 项 16 点中若干突出点按等级评分。
(3)错别字、标点错误每处扣 1 分,最高扣 3 分。

综合素质(小学)全真模拟与预测试题 4
参考答案

一、单项选择题(本大题共 29 小题,每小题 2 分,共 58 分)

1—5　DBDAA　　6—10　BBDBC　　11—15　CCCBC
16—20　ACDCB　　21—25　DCBCB　　26—29　DAAB

二、材料分析题(本大题共 3 小题,每小题 14 分,共 42 分)

30.【答案要点】
(1)李老师的做法体现了"以人为本"的学生观;
(2)李老师以学生的发展为核心;
(3)李老师承认学生是学习的主体、每个学生都有潜力;
(4)李老师尊重、关心、理解学生;
(5)李老师根据学生的不同特点,教育和引导学生学习、生活,帮助他们健康成才。
(每个要点 2 分,结合材料说明占 4 分。)

31.【答案要点】
(1)该教师的行为是错误的,违反了《中小学教师职业道德规范》,没有做到"为人师表"。(2 分)
(2)"为人师表"要求教师作风正派,廉洁奉公,不进行有偿家教,不利用职务之便谋取私利。而李老师利用业余时间从事兼职工作,搞有偿家教,就是利用教师身份"赚外快"。(6 分)
(3)教师职业不属于高收入的职业。教师的天职是教书育人,需要教师有勤恳敬业、甘为人梯、乐于奉献的精神。教师能做的是努力工作,勤于反思,不断加强自己的教育教学能力,才能取得良好的教育教学成绩,其相应的工资待遇也自然能提高。(6 分)

32.【答案要点】
(1)今生今世要奋斗,要前进,要成长。(6 分)
(2)文章最后一句指出:"快乐固然兴奋,苦痛又何尝不美丽?"因为生命让我们享受到人生特有的快乐和美丽,所以我们即便痛苦也要感谢生命。(8 分)

三、写作题(本大题 1 小题,50 分)

33.

		20—16 分	15—11 分	10—6 分	5—1 分
基础等级	内容 20 分	符合题意 中心突出 内容充实 思想健康	符合题意 中心突出 内容较充实 思想健康	基本符合题意 中心基本突出 内容单薄 思想基本健康	偏离题意 中心不明确 内容不当 思想不够健康
	表达 20 分	符合文体要求 结构严谨 语言流畅	符合文体要求 结构完整 语言通顺	基本符合文体要求 结构基本完整 语言基本通顺	不符合文体要求 结构混乱 语句不通
发展等级	特征 10 分	1. 观点深刻:(1)透过现象深入本质;(2)揭示事物内在的因果关系;(3)观点具有启发作用 2. 表现力强:(4)立意高远;(5)材料丰富;(6)论据充足;(7)论证严密 3. 有文采:(8)用词准确;(9)句式灵活;(10)善用修辞;(11)文句富有表现力 4. 有创意:(12)见解新颖;(13)材料新鲜;(14)构思新巧;(15)推理想象有独到之处;(16)有个性特征			

说明:

(1)基础等级项,要兼顾"内容"与"表达"两个方面。"题意"项以符合所给材料的内容为准。

(2)发展等级项,不求全面,可根据"特征"4 项 16 点中若干突出点按等级评分。

(3)错别字、标点错误每处扣 1 分,最高扣 3 分。

综合素质（小学）全真模拟与预测试题 5
参考答案

一、单项选择题(本大题共 29 小题,每小题 2 分,共 58 分)

1—5　BCCBA　　6—10　CBDCA　　11—15　DBCAD
16—20　ACCDA　　21—25　BABCA　　26—29　DBDA

二、材料分析题(本大题共 3 小题,每小题 14 分,共 42 分)

30.【答案要点】
(1)教师要爱国守法,爱岗敬业,关爱学生,教书育人,为人师表,终身学习。陈老师对待学生小刚的态度体现了高尚的师德;(2分)
(2)陈老师爱岗敬业,乐于奉献,认真辅导小刚;(3分)
(3)陈老师关爱学生,严慈相济,做小刚的良师益友;(3分)
(4)陈老师教书育人,循循善诱,诲人不倦,因材施教;(3分)
(5)陈老师为人师表,情操高尚,团结协作,尊重家长。(3分)

31.【答案要点】
(1)该教师的教育行为体现了"以人为本"的学生观;(2分)
(2)学生是处在发展中的人,既是教育的对象又是教育的主体。该教师以学生的发展为核心,把学生放在主体地位上,承认小 A 是个独立的、完整的个体;(3分)
(3)该教师全面、公平公正地看待小 A,尊重学生的人格,保护了小 A 的自尊心;(3分)
(4)该教师尊重热爱学生,根据小 A 的情况因材施教;(3分)
(5)该教师利用小 A 的长处,因势利导,最终使小 A 学习成绩大幅度提高,改掉了自己身上的坏毛病。(3分)

32.【答案要点】
(1)雨模糊了作者的眼睛,使作者看不清雨中的现实世界;可是,在雨中作者的心更明亮了,对人生的道路看得更加清楚。(6分)
(2)不是。(2分)作者写"酷爱阴雨"不是为了抒发爱雨之情,而是借"雨"表现内心的痛苦与矛盾,侧重写社会造成的内心感受;同时,也是为了使行文跌宕起伏、曲折有致。(6分)

三、写作题（本大题 1 小题, 50 分）

33.

基础等级	内容 20 分	20—16 分	15—11 分	10—6 分	5—1 分
		符合题意 中心突出 内容充实 思想健康	符合题意 中心突出 内容较充实 思想健康	基本符合题意 中心基本突出 内容单薄 思想基本健康	偏离题意 中心不明确 内容不当 思想不够健康
	表达 20 分	符合文体要求 结构严谨 语言流畅	符合文体要求 结构完整 语言通顺	基本符合文体要求 结构基本完整 语言基本通顺	不符合文体要求 结构混乱 语句不通
发展等级	特征 10 分	1. 观点深刻：(1)透过现象深入本质；(2)揭示事物内在的因果关系；(3)观点具有启发作用。 2. 表现力强：(4)立意高远；(5)材料丰富；(6)论据充足；(7)论证严密。 3. 有文采：(8)用词准确；(9)句式灵活；(10)善用修辞；(11)文句富有表现力。 4. 有创意：(12)见解新颖；(13)材料新鲜；(14)构思新巧；(15)推理想象有独到之处；(16)有个性特征。			

说明：

(1) 基础等级项，要兼顾"内容"与"表达"两个方面。"题意"项以符合所给材料的内容为准。

(2) 发展等级项，不求全面，可根据"特征"4 项 16 点中若干突出点按等级评分。

(3) 错别字、标点错误每处扣 1 分，最高扣 3 分。

综合素质(小学)全真模拟与预测试题6 参考答案

一、单项选择题(本大题共29小题,每小题2分,共58分)

1—5　CCBDA　　6—10　BDCCB　　11—15　DACBD
16—20　ABABA　21—25　BACDB　　26—29　DCCB

二、材料分析题(本大题共3小题,每小题14分,共42分)

30.【答案要点】
(1)以人为本,关心爱护全体学生。
马老师能够注意到躲在角落里的晓星,观察晓星,了解晓星。
(2)尊重学生的发展差异,因势利导,激发学生的主观能动性。
马老师主动与晓星交往,根据晓星的情况,组织活动,充分发挥同学们的主观能动性。
(3)探究创新,积极营造教育环境,促进学生健康发展。
从以人为本的学生观出发,组织"交朋友"主题班会,鼓励班干部主动与晓星交往,取得了良好的效果。
(每小点4分,展开说明共占2分。)

31.【答案要点】
(1)关心爱护学生,不歧视学生,维护学生的人格尊严。
小明有顺手牵羊的不良习惯,而且是"惯犯",但陈老师并没有歧视他,当陈老师知道是"怎么事"时,也没有当面批评,维护了小明的人格尊严。
(2)尊重家长,注重家校合作。
针对实际情况,陈老师主动与家长联系,了解小明在家里的表现,并联合家长共同对小明进行指导,做到了家校合作。
(3)因材施教,耐心辅导和教育学生。
根据小明的个人情况,陈老师运用班会、家长配合、个别谈话等方式对小明进行辅导和教育。
(每小点4分,展开说明共占2分。)

32.【答案要点】
(1)冰盖上的湖泊与普通湖泊的差别如下:(4分)
第一,普通湖泊的水体由天然水积蓄而成,冰盖上的湖泊则由融冰形成;
第二,普通湖泊,人们可以畅游其中,而冰盖上的湖泊则不能;
第三,普通湖泊的水很难快速消失,而冰盖上的湖泊里的水体能在眨眼之间消失不见。
(2)冰盖上的湖泊可能产生的影响如下:(10分)
第一,湖泊的突然排空会加速冰盖向海洋迁移的作用;
第二,冰盖融冰形成的的湖泊可以加速冰盖的融化;
第三,气候持续变暖会使湖泊经常排空,并在更大范围的冰盖上出现,加速冰盖的崩解;
第四,冰盖上湖泊的颜色与它们的深度有关;
第五,会导致海平面上升。

三、写作题(本大题 1 小题,50 分)

33.

		20—16 分	15—11 分	10—6 分	5—1 分
基础等级	内容 20 分	符合题意 中心突出 内容充实 思想健康	符合题意 中心突出 内容较充实 思想健康	基本符合题意 中心基本突出 内容单薄 思想基本健康	偏离题意 中心不明确 内容不当 思想不够健康
	表达 20 分	符合文体要求 结构严谨 语言流畅	符合文体要求 结构完整 语言通顺	基本符合文体要求 结构基本完整 语言基本通顺	不符合文体要求 结构混乱 语句不通
发展等级	特征 10 分	1. 观点深刻:(1)透过现象深入本质;(2)揭示事物内在的因果关系;(3)观点具有启发作用 2. 表现力强:(4)立意高远;(5)材料丰富;(6)论据充足;(7)论证严密 3. 有文采:(8)用词准确;(9)句式灵活;(10)善用修辞;(11)文句富有表现力 4. 有创意:(12)见解新颖;(13)材料新鲜;(14)构思新巧;(15)推理想象有独到之处;(16)有个性特征			

说明:

(1)基础等级项,要兼顾"内容"与"表达"两个方面。"题意"项以符合所给材料的内容为准。

(2)发展等级项,不求全面,可根据"特征"4 项 16 点中若干突出点按等级评分。

(3)错别字、标点错误每处扣 1 分,最高扣 3 分。

综合素质(小学)全真模拟与预测试题 7
参考答案

一、单项选择题(本大题共 29 小题,每小题 2 分,共 58 分)

1—5　ACBAA　　6—10　BDCCD　　11—15　DBCDA
16—20　BCBCC　　21—25　BAABD　　26—29　CCBB

二、材料分析题(本大题共 3 小题,每小题 14 分,共 42 分)

30.【答案要点】
(1) 以人为本,促进学生主动发展。
以人为本是教育的基本理念,让学生"自设作业"就是让学生根据自己的学业水平设计作业,让每个学生都能根据自己的状态与水平进行学习。结果证明这是一项让学生激动的作业,而且学生对语文学习的兴趣也更浓了。
(2) 素质教育,促进学生个性发展。
"自设作业"让学生自己设计作业,当然要与语文学习结合起来,这样每个学生都可以充分发挥自己的特长,展现自己的个性,使每个人都得到一定程度的发展。
(3) 教育改革,创新教学方式。
让学生自己设计作业这是一种新鲜事,是对作业布置与教学活动的一种创造性尝试。
(每小点 4 分,展开说明 2 分。)

31.
(1) 家校合作,给家长提出合理建议:不以分数为唯一的评价标准。
可以与小蕊的家长沟通,希望得到家长的配合,特别注意让家长明白:分数并不是评价一个学生优秀的唯一标准。
(2) 关爱学生,发现小蕊的闪光点,转变小蕊的不良心态。
平时要注意观察小蕊,一有优点马上给予表扬或肯定,让她确立自信,告诉每个人都有自己的强项与弱点。
(3) 团结合作,动员配班老师与同学,形成学校教育合力。
注意与配班老师合作,给小蕊更多的关注。同时,让同学们多给小蕊鼓励。
(每小点 4 分,展开说明 2 分。)

32.
(1)
① 艺术创作既需要重复,也需要变化;(2 分)
② 只有重复而无变化,作品就必然单调枯燥;只有变化而无重复,就容易陷于散漫零乱。(2 分)
(2)
① "千篇一律"指的是建筑中的"重复","千变万化"指的是建筑中的"变化",一个成功的建筑就是"重复"与"变化"的结合。(4 分)

② 北京故宫的朝房、太和门和太和殿、中和殿、保和殿、后三殿都是大同小异的重复；整个故宫，它的每一个组群，每一个殿、阁、廊、门却全部都是按照明清两朝工部的"工程做法"的统一规格、统一形式建造的，连彩画、雕饰也尽如此，都是无尽的重复。(3分)

③ 然而每走几步，前瞻后顾、左睇右盼，那整个景色、轮廓、光影，却都在不断地改变着；一个接着一个新的画面出现在周围，千变万化。空间与时间，重复与变化的辩证统一在北京故宫中达到了最高的成就。(3分)

三、写作题(本大题1小题,50分)

33.

基础等级		20—16分	15—11分	10—6分	5—1分
基础等级	内容 20分	符合题意 中心突出 内容充实 思想健康	符合题意 中心突出 内容较充实 思想健康	基本符合题意 中心基本突出 内容单薄 思想基本健康	偏离题意 中心不明确 内容不当 思想不够健康
基础等级	表达 20分	符合文体要求 结构严谨 语言流畅	符合文体要求 结构完整 语言通顺	基本符合文体要求 结构基本完整 语言基本通顺	不符合文体要求 结构混乱 语句不通
发展等级	特征 10分	1. 观点深刻：(1)透过现象深入本质；(2)揭示事物内在的因果关系；(3)观点具有启发作用 2. 表现力强：(4)立意高远；(5)材料丰富；(6)论据充足；(7)论证严密 3. 有文采：(8)用词准确；(9)句式灵活；(10)善用修辞；(11)文句富有表现力 4. 有创意：(12)见解新颖；(13)材料新鲜；(14)构思新巧；(15)推理想象有独到之处；(16)有个性特征			

说明：

(1) 基础等级项，要兼顾"内容"与"表达"两个方面。"题意"项以符合所给材料的内容为准。

(2) 发展等级项，不求全面，可根据"特征"4项16点中若干突出点按等级评分。

(3) 错别字、标点错误每处扣1分，最高扣3分。

综合素质（小学）全真模拟与预测试题 8
参考答案

一、单项选择题（本大题共 29 小题，每小题 2 分，共 58 分）

1—5　CDDBA　　6—10　DACAA　　11—15　CBBCB
16—20　DBBDB　　21—25　BDBBA　　26—29　DDBD

二、材料分析题（本大题共 3 小题，每小题 14 分，共 42 分）

30.【答案要点】
（1）学生为本，尊重学生的主体性。
李老师为了让孩子确立自信，让孩子们通过讨论发现自己的优点。充分尊重学生的主体性，表现了以学生为本的教育理念。
（2）教育智慧，因势利导开展教育。
当讨论过程中，小明同学说"我想说缺点"时，李老师没有反对，而是迅速地处理这个突发事件，因势利导地让同学们讨论小明的观点。最后引导学生们自己得出结论。
（3）尊重学生，注重教育反思。
当小明提出与老师观点相左的意见时，李老师进行了充分的肯定，而且反思自己的行为，希望同学们帮助老师改正缺点。
（每小点 4 分，共 12 分。展开说明共 2 分。）

31.【答案要点】
（1）爱岗敬业，实施素质教育，为学生全面发展创造条件。
冯老师在班内开设"读书小报""手绘小报""群星园""精彩作文赏析""我爱发明"等专栏，涉及德智体各方面的内容，为素质教育的实施提供了具体的路径，促进学生的全面发展。
（2）关爱学生，因材施教，形成家校育人合力。
冯老师为每一个同学建立成长档案，根据学生的个体差异进行教育，充分体现了冯老师关爱学生、因材施教的职业道德。冯老师与小华的爸爸互通信息，形成教育小华的合力。
（3）教书育人，科学评价学生，多方面激励学生。
冯老师不以分数为唯一标准评价学生，而是通过成长档案等多角度地评价学生。
（4）廉洁从教，为人师表，不收受家长礼品。
当小华的爸爸寄来土特产时，冯老师悄悄地以小华爸爸的名义寄给了小华的奶奶。
（每小点 3 分，共 12 分，展开说明 2 分。）

32.【答案要点】
（1）
① 梦在书外：梦，指生活中的愿望。含义：读书有明确的实用目的，读书是为现实需要而服务的。（2 分）。
② 梦在书中：梦，指精神上的满足。含义：读书没有明确的实用目的，人的意识和心理状态可

以在书中得到满足。(2分)。
(2)
答案1:
① 我更认同"将书籍当作太阳的人"。(2分)
② 两类读书人暗指两种生活态度。"将书籍当作太阳的人"的生活态度积极主动,时刻为生活目标而不断努力、奔波。(8分)

答案2:
① 我更认同"将书籍当作月亮的人"。(2分)
② 两类读书人暗指两种生活态度。"将书籍当作月亮的人"的生活态度比较闲适,能适时地停下来,感觉生活的有趣之处。(8分)

三、写作题(本大题1小题,50分)

33.

		20—16分	15—11分	10—6分	5—1分
基础等级	内容20分	符合题意 中心突出 内容充实 思想健康	符合题意 中心突出 内容较充实 思想健康	基本符合题意 中心基本突出 内容单薄 思想基本健康	偏离题意 中心不明确 内容不当 思想不够健康
	表达20分	符合文体要求 结构严谨 语言流畅	符合文体要求 结构完整 语言通顺	基本符合文体要求 结构基本完整 语言基本通顺	不符合文体要求 结构混乱 语句不通
发展等级	特征10分	1. 观点深刻:(1)透过现象深入本质;(2)揭示事物内在的因果关系;(3)观点具有启发作用 2. 表现力强:(4)立意高远;(5)材料丰富;(6)论据充足;(7)论证严密 3. 有文采:(8)用词准确;(9)句式灵活;(10)善用修辞;(11)文句富有表现力 4. 有创意:(12)见解新颖;(13)材料新鲜;(14)构思新巧;(15)推理想象有独到之处;(16)有个性特征			

说明:
(1) 基础等级项,要兼顾"内容"与"表达"两个方面。"题意"项以符合所给材料的内容为准。
(2) 发展等级项,不求全面,可根据"特征"4项16点中若干突出点按等级评分。
(3) 错别字、标点错误每处扣1分,最高扣3分。

综合素质(小学)全真模拟与预测试题9
参考答案

一、单项选择题(本大题共29小题,每小题2分,共58分)

1—5　AABCC　　6—10　BDBCC　　11—15　DAACC
16—20　DADBA　　21—25　DCCBA　　26—29　BABD

二、材料分析题(本大题共3小题,每小题14分,共42分)

30.【答案要点】

冯老师的做法,符合了新课改背景下的"以人为本"的学生观,值得我们学习。

首先,新课改的学生观强调学生是发展的人,学生处在发展过程中,有发展的潜力。材料中,面对学生的作弊事件,冯老师没有采用严厉批评、追查责任的惯用方法,而是给学生改正错误、自我发展的机会,取得了良好的教育效果。

其次,新课改的学生观强调学生是独立意义的人,学生具有主观能动性,不以教师的意志而转移。材料中,冯老师对于学生作弊的问题,没有用批评检举等方式正面管教,而是依据学生做了错事心里不安、知错欲改的心理,采取了一个足以震撼学生心灵的措施——要求每个学生记下汤姆斯·麦考莱的名言并写出心得体会,巧妙地把自己的教育意图隐藏在友好和无拘束的情境中,卓有成效地解决了问题。

因此,作为教师,我们要践行"以人为本"的学生观,看到学生身心发展的特点,发挥学生的主观能动性,因势利导地促进学生身心发展。

31.【答案要点】

王老师的行为符合教师职业道德规范的要求,值得每一位教师学习。

首先,王老师的做法践行了终身学习、不断进取的教师职业道德规范。终身学习是教师必备的素质,是教师自我完善的重要途径,是时代发展的需要。材料中,在教育教学过程中,王老师认真学习优秀教师的教学经验,积极进行教育科研,不断进行教学改革,教学效果优异,体现了终身学习的师德规范。

其次,王老师的做法践行了关爱学生这一教师职业道德规范。关爱学生是师德的灵魂,要求教师要深入了解学生,关心学生的生活冷暖。材料中,王老师帮助经济困难的学生克服生活困难,设立基金,顺利完成学业,体现了关爱学生的师德规范。

因此,作为教师,我们要遵守教师职业道德,勤恳敬业,认真负责,关心爱护学生,做学生的良师益友,促进学生健康成长。

32.【答案要点】

(1)"这"指的是:①他能设计出最好的乐式;②给乐式注入惊人的活力和激情,包括产生于一定思想、信念的那种最高的激情。(4分)

(2)从巴赫到莫扎特再到贝多芬,在音乐创作上的发展变化为:①巴赫,只讲究乐式,如巴赫序曲,精美动听;②莫扎特,既讲究乐式,又表达感情,如莫扎特的《天神交响乐》最后一章,从头到尾交织着一种不寻常的悲伤之美;③ 贝多芬,把音乐完全用作表现心情的手段,完全不把设计乐式本身作为目的。如他的《英雄交响乐》一开始使用了几个漂亮的乐式,但这些乐式被赋予了巨大的内在力量,到了乐章的中段,这些乐式就全被不客气地打散了,使人听不出在感情的风暴下竟还有什么乐式存在。(10分)

三、写作题(本大题1小题,50分)

33.

		20—16分	15—11分	10—6分	5—1分
基础等级	内容20分	符合题意 中心突出 内容充实 思想健康	符合题意 中心突出 内容较充实 思想健康	基本符合题意 中心基本突出 内容单薄 思想基本健康	偏离题意 中心不明确 内容不当 思想不够健康
	表达20分	符合文体要求 结构严谨 语言流畅	符合文体要求 结构完整 语言通顺	基本符合文体要求 结构基本完整 语言基本通顺	不符合文体要求 结构混乱 语句不通
发展等级	特征10分	1. 观点深刻:(1)透过现象深入本质;(2)揭示事物内在的因果关系;(3)观点具有启发作用 2. 表现力强:(4)立意高远;(5)材料丰富;(6)论据充足;(7)论证严密 3. 有文采:(8)用词准确;(9)句式灵活;(10)善用修辞;(11)文句富有表现力 4. 有创意:(12)见解新颖;(13)材料新鲜;(14)构思新巧;(15)推理想象有独到之处;(16)有个性特征			

说明:

(1) 基础等级项,要兼顾"内容"与"表达"两个方面。"题意"项以符合所给材料的内容为准。

(2) 发展等级项,不求全面,可根据"特征"4项16点中若干突出点按等级评分。

(3) 错别字、标点错误每处扣1分,最高扣3分。

综合素质（小学）全真模拟与预测试题10
参考答案

一、单项选择题(本大题共29小题,每小题2分,共58分)

1—5　BCBCD　　6—10　CABCA　　11—15　DDCDA
16—20　BACBD　　21—25　DBDCA　　26—29　CABB

二、材料分析题(本大题共3小题,每小题14分,共42分)

30.【答案要点】
该教师的评价标准比较恰当,符合新课程改革背景下教育观的具体要求。

首先,素质教育注重学生个性培养。材料中,教师注重培养学生的特长,将学生的特长和个性作为评价指标,采用多元化的评价标准,发掘每一位学生的优点和特长,促进每一位学生的发展。

其次,素质教育注重学生全面发展。材料中,教师一方面注重学生个性的发展。另一方面也强调全面发展,针对只有特长而其他学科成绩不良的适当降格评价,对于文化课成绩好,没有特长的学生,也鼓励他们全面发展。

最后,素质教育关注全体学生,保证教育公平。材料中,教师对学生个性评价的方式,让很多以前的"差生"也找到了自己成才的合适途径,获得了更多的自信,促进了所有学生的发展。

所以,作为一名教师,要充分实践素质教育的教育观,一方面要关注学生个性发展,以个性发展作为发展的最终目的;另一方面也要促进学生全面发展,以全面发展为基础,使每一位学生都能得到最好的发展。

31.【答案要点】
教师的行为违反了教师职业道德,需要我们引以为戒。

首先,教师的行为违反了关爱学生的职业道德规范。关爱学生强调教师要关心爱护全体学生,尊重学生人格,不讽刺、挖苦、歧视学生。材料中,当教师发现自己的错误,不但没有及时改正,反而狠狠地批评侮辱学生;不但不尊重学生的人格,而且不利于激发学生学习的积极性。

其次,教师的行为违反了爱岗敬业的职业道德规范。爱岗敬业强调教师要勤恳敬业,对工作高度负责,认真备课上课,认真批改作业,认真辅导学生。不得敷衍塞责。材料中,教师对待教育教学工作敷衍了事,对学生课外拓展的题目更是借口推辞。没有做到认真负责,勤恳敬业。

最后,教师的行为违反了终身学习的职业道德规范。终身学习强调教师要崇尚科学精神,树立终身学习理念,拓宽知识视野,更新知识结构。材料中,面对判错的题目,教师没有及时改正和学习,没有做到严谨治学。因此,作为教师,要遵守教师职业道德规范,关心爱护学生的人格和身心健康,勤恳敬业,严谨治学,促进学生全面发展。

32.【答案要点】
(1)
① 虚心的读书态度。
② 前后贯通的读书方法。(4分)

— 21 —

(2)"求甚解"和"不求甚解"的读书方法相结合,在读书过程中应灵活运用,因人因时因书而异。读书不求甚解,前后贯通、了解大意,并认真反复阅读。读书应该"求甚解"读懂读透,真正了解书中的内涵。(10分)

三、写作题(本大题1小题,50分)

33.

基础等级		20—16分	15—11分	10—6分	5—1分
	内容20分	符合题意 中心突出 内容充实 思想健康	符合题意 中心突出 内容较充实 思想健康	基本符合题意 中心基本突出 内容单薄 思想基本健康	偏离题意 中心不明确 内容不当 思想不够健康
	表达20分	符合文体要求 结构严谨 语言流畅	符合文体要求 结构完整 语言通顺	基本符合文体要求 结构基本完整 语言基本通顺	不符合文体要求 结构混乱 语句不通
发展等级	特征10分	1. 观点深刻:(1)透过现象深入本质;(2)揭示事物内在的因果关系;(3)观点具有启发作用 2. 表现力强:(4)立意高远;(5)材料丰富;(6)论据充足;(7)论证严密 3. 有文采:(8)用词准确;(9)句式灵活;(10)善用修辞;(11)文句富有表现力 4. 有创意:(12)见解新颖;(13)材料新鲜;(14)构思新巧;(15)推理想象有独到之处;(16)有个性特征			

说明:

(1)基础等级项,要兼顾"内容"与"表达"两个方面。"题意"项以符合所给材料的内容为准。

(2)发展等级项,不求全面,可根据"特征"4项16点中若干突出点按等级评分。

(3)错别字、标点错误每处扣1分,最高扣3分。

教育教学知识与能力(小学)
全真模拟与预测试题1—10参考答案

教育教学知识与能力（小学）全真模拟与预测试题 1 参考答案

一、单项选择题（本大题共 20 小题，每小题 2 分，共 40 分）

1—5　ABDDD　　6—10　ABBDA　　11—15　BBCBC　　16—20　BAAAB

二、简答题（本大题共 3 小题，每小题 10 分，共 30 分）

21.【答案要点】（10 分）

(1) 学生以学习为主要任务。

(2) 学生在教师指导下学习。

(3) 学生参加的是一种规范化的学习。

22.【答案要点】（10 分）

要做好心理辅导工作，必须遵循以下基本原则：面向全体学生原则，预防与发展相结合原则，尊重与理解学生原则，学生主体性原则，个别化对待原则，整体性发展原则。

23.【答案要点】（10 分）

小学生的道德认识能力具有依附性，同时也缺乏原则性，但发展的趋势是稳定的、和谐的，具体表现以下几个方面。

(1) 在道德认识的理解上，从直观、具体、较肤浅的理解逐步过渡到较为抽象、本质的理解。

(2) 在道德品质的评价上，从只注意行为效果，逐渐过渡到较为全面地考虑动机和效果的统一关系。

(3) 在道德原则的掌握上，道德判断从简单依附于社会的、他人的规则，逐渐过渡到受内心道德原则的制约。

三、材料分析题（本大题共 2 小题，每小题 20 分，共 40 分）

24.【答案要点】（20 分）

(1) 从法律的角度说，《中华人民共和国义务教育法》中明确规定，享受九年义务教育是学生们的权利，任何人无权剥夺。因此，对品行有缺点的学生，教师应当耐心地教育、帮助，不得歧视。学校对未成年学生包括那些犯了错误的学生，只有"教育权"，而无抛弃、勒令离校、限制上课等"处罚权"。

(2) 从情理的角度说，五年级学生的特点决定了他们对于事物认识的不完善、不深刻，明辨是非的能力不够强，基于这样的身心特点，犯错误、违反校纪校规是在情理之中的。如果学校都以开除、限制学生上课等简单的方式处罚学生的话，那么，教育既无艺术，也无科学可言了。虽说教育不是万能的，但学校未经尝试其他教育方法便急于处罚学生，显然不合情理。

(3) 学校随意处罚学生，甚至将违反纪律的学生驱逐出校园，推向社会，是对社会、学生的一种不负责任。学校作为专门教育机构应当承担起教育责任。何况，对于学生的错误，学校领导和教师也有一定的责任。

25.【答案要点】(20分)

(1) 正确指导结果归因。
(2) 充分利用反馈信息。
(3) 创设适合学生难度的问题情境。
(4) 运用正强化的方式鼓励学生不断进步。

四、教学设计题(本大题有2小题,请任选1小题作答,全部作答只按前1小题计分,共40分)

26.【答案要点】(40分)

(1)"我"七八岁时,写了第一首诗,母亲认为精彩极了,父亲却认为糟糕透了。两人争吵起来。在这两种不同的极端断言中,"我"健康成长,最后登上了文学的殿堂。

(2) 教学目标。

① 认识6个生字,会写14个生字。
② 有感情地朗读课文,说说父亲和母亲对巴迪的诗为什么有不同的看法。
③ 通过人物动作、语言和心理活动描写的语句,体会作者怎样逐渐理解了父母两种不同评价中饱含的爱?感受爱的不同表达方式。

教学重点。

引导学生理解为什么说父母两种不同的评价包含的都是爱。

(3) 教学活动。

① 谈话导入,由题激趣。
② 初读课文,读通读顺。

a. 以自己喜欢的方式读课文,把字读准,把句子读通顺。
b. 认读本课生字。
c. 师生轮读,互相评价。

③ 速读课文,整体感知。

a. 快速读文,边读边想:文章按什么顺序写的?课文可以分成哪几部分?
b. 交流。

(教师点拨,指导学生理清文章的顺序——本文是按时间顺序来写的,了解文章由作者童年的故事和后来的认识这两部分内容构成的。)

④ 品读课文,体会情感。

a. 引导品读"童年的故事"。

● 自读,思考:当"我"写了第一首诗后,母亲是怎样评价的?"我"的表现怎样?父亲是怎样评价的?"我"有什么反应?父亲和母亲为什么有不同的看法?找出有关的段落、语句,用你喜欢的符号在文中作标注。反复阅读,再跟小组的同学讨论一下。

● 学生自学,作批注,教师参与学习。

● 班级交流。

(在交流中引导学生弄懂:父亲的"糟糕透了"的评价,一方面是因为父亲比较理性,要求比较严格,他考虑到的更多的是诗的本身质量;另一方面是因为父亲针对母亲的"精彩极了"的评价,认为儿子得到的鼓励已经太多了,才说"糟糕透了"的。母亲的评价是为了鼓励"我",父亲的评价是为了提醒"我"、警示"我"。)

● 指导感情朗读。重点指导描写巴迪听了妈妈和爸爸的评价后截然不同的反应的语句。

b. 自主品读"后来的认识"。

● 默读作者"后来的认识"部分,提出自己不懂的或感兴趣的问题和大家讨论。
● 质疑、讨论。学生可能提出不少问题。一般性问题,可让学生互相解答。教师应引导学生提出并讨论以下两个问题。
第一,成年后,作者为什么越来越体会到儿时是"多么幸运"?
(作者体会儿时的幸运是因为:一是"我"有个常常鼓励自己的慈祥的母亲,她常常肯定"我",给"我"力量,母亲的爱是"我"创作的灵感和源泉;二是"我"还有一个严厉的父亲,他的警告和教育,使我不走向歧途,"我"写了很多作品,出版、发行一部部作品的力量来自于父母两方面,所以我是多么幸运。)
在交流时应注意引导学生抓住"越来越"一词去体会作者的思想感情,感悟巴迪对爸爸妈妈的评价由不理解到理解的过程。
第二,作者为什么说"'精彩极了'也好,'糟糕透了'也好,这两个极端的断言有一个共同的出发点——那就是'爱'"?
(这一句话写出了"我"对母亲"精彩极了"的赞扬声,和父亲"糟糕透了"的批评声,都有一个正确的认识,那就是父母共同的出发点,一个"爱"字。正因为"我"明白了父母的爱心,所以在成长的过程中能够谨慎地把握住生活的小船,使它不被哪一股风刮倒,意思是说,不会产生自傲和自卑。平常有父母时常的提醒,在爱的鼓舞下,不断前进。)
● 把自己喜欢的语句再好好读几遍,体会作者内心的感受。
⑤ 回读课文,总结收获。
a. 从头再读文,想一想学习了本文,你有哪些收获?
b. 谈收获(可从思想感受、词和句的积累、文章的表达方法等几方面来总结收获)。
c. 学生总结写法(当学生总结出文章抓住了人物的神态、语言、动作来进行描写来衬托人物心理活动时,教师让学生到文章里去找找并画出这样的句子,再次读读,细细地体会作者细腻的表达手法)。
d. 背诵自己喜欢的句、段。
⑥ 拓展延伸,学习写法。
a. 拓展阅读:《父爱,在拐弯处》。其一,谈感受。其二,体会表达方法。
b. 借鉴这两篇文章的表达方法,把爸爸妈妈对自己的爱写下来。

27.【答案要点】(40分)
(1) 运算是人们日常生活所必需的基本能力,是进一步学习数学的基础。发展学生的运算能力需加强学生对算法和算理的理解,加强学生口算训练,重视培养学生估算能力,培养学生良好的学习习惯。
(2) 教学目标。
① 掌握两位数乘两位数的不进位乘法的笔算方法。
② 理解用第二个因数十位上的数乘第一个因数得多少个"十",乘得的数的末位要和十位对齐。
(3) 导入环节。
通过创设情境的方式导入。
出示材料。
引导学生注意邮递员每天工作的情况。提出问题:
邮递员工作10天,要送多少份报纸?要送多少封信?
① 你会解决这些问题吗?
② 怎么解决?
理由:设置疑问,根据生活情况,吸引孩子们的注意力。

教育教学知识与能力（小学）全真模拟与预测试题 2 参考答案

一、单项选择题（本大题共 20 小题，每小题 2 分，共 40 分）

1—5　CCDCA　　6—10　BDDAD　　11—15　BCCDD　　16—20　BABBC

二、简答题（本大题共 3 小题，每小题 10 分，共 30 分）

21.【答案要点】（10分）

主题班会的形式有主题报告会、主题汇报会、主题讨论会、科技小制作成果展评会、主题竞赛和主题晚会等。

22.【答案要点】（10分）

首先要求教师熟悉教材，掌握教材的结构，了解新旧知识之间的内在联系；其次要求教师充分了解学生已有的认知结构状态，使新的学习内容与学生已有水平构成一个适当的跨度，这样才能创设问题的情境。创设问题情境的方式多种多样，并应贯穿教学过程的始终。

23.【答案要点】（10分）

确定小学教育目的的基本依据如下：

（1）特定的社会政治、经济、文化背景。小学教育的目的就其本质来说，是要培养社会所需要的人。社会政治、经济、文化的发展水平是制定小学教育目的的客观依据。

（2）少年儿童身心发展的规律。制定小学教育目的，要充分考虑到小学生的身心发展水平，注意小学生年龄发展的阶段特征，考虑小学生身心发展特征的共性时，还要注意到不同个体发展的差异性。

（3）人们的教育理想。马克思主义关于人的全面发展的理论确立了科学的人的发展观，指明了人的发展的必然规律，是中国制定小学教育目的的理论基础。

三、材料分析题（本大题共 2 小题，每小题 20 分，共 40 分）

24.【答案要点】（20分）

（1）从教育学的视角来看，"破窗理论"体现了环境可以对一个人产生强烈的暗示性和诱导性作用，对人的发展有着重要影响。教育中，学生们很容易受到周围环境的影响。从心理学的视角来看，"破窗理论"体现了群体心理中的从众心理，人都存在一种潜意识的模仿。学生的心理状态和学习状态很容易互相影响，致使一些消极因素，在学生群体中形成恶性的"传染"。

（2）"破窗理论"对班级日常管理有非常重要的启示。首先，班主任要从班级文化建设入手，塑造良好的班级氛围，陶冶学生的性情，净化学生的心灵，培养学生的美德。其次，班主任要注重用规范约束学生的行为，及时制止学生出现的个别不良行为，使学生形成良好的行为习惯。如果不良行为出现而没有被制止，就像汽车被打破车窗，会暗示和诱导更多的人做出进一步的破坏，班主任在班级管理中要警惕并及时修补"破窗"。

25.【答案要点】(20分)

这种现象确实非常普遍。从表面上看,是注重学生的个人感受,尊重学生,培养学生的人性化阅读。实际上,教学流于形式,没有深入实际。造成这种现象的原因在于部分教师没有很好地把握新课标。学生是学习的主体,教师是学习过程的组织者和引导者。上面的案例,忽视了教师引导的功能。学生作为学习者,他们的认知要在教师的牵引下思路才逐渐清晰,而上面的案例中的学习会处于一种杂乱、无效的状态。引导学生阅读,一要有目的,二要有方法,三才是选择自己喜欢的阅读方式。课堂教学要注意课堂秩序,如果以牺牲课堂效率为代价,那是得不偿失的。

读之前,教给学生问题,要读出什么,读懂什么,还要明确地说明怎样读懂,提供解决问题的方法,在这些基础上,学生可以有自己的学习习惯。

四、教学设计题(本大题有2小题,请任选1小题作答,全部作答只按前1小题计分,共40分)

26.【答案要点】(40分)

(1) 课文以生动的事例叙述了两度当选为美国总统的林肯,虽然出身贫寒,但面对态度傲慢、自恃上流社会的所谓"优越的人"的嘲讽,凭借自己的智慧与宽容,捍卫了尊严,赢得了大家的信任和爱戴。

(2) 教学目标。

① 情感目标:培养学生有一颗感恩之心,有一种敬仰之情。无论地位多高、权力多大,尊敬父母、感谢父母是永恒的。

② 能力目标:能有感情地朗读对话,理解课文最后一句话的深刻含义,感受林肯仁爱、宽容的人格魅力和从容、自信的应对能力。

③ 知识目标:能正确流利地朗读课文,学会文中生字词,联系上下文理解词义,并能说出部分词语的近义词。

(3) 教学环节。

① 名言导入,简介林肯。

a. 出示名人名言:人,走上追求之路,就会快乐终生!成功是屡遭挫折而热情不减。

b. 课件出示:林肯生平简介。

② 自学课文,整体感知。

a. 学生按要求自学课文。

自学要求:

● 大声朗读课文,遇到生字读准拼音多读几遍,联系上下文理解词义。

● 想想课文主要写了一件什么事?

b. 检查自学,读通课文。

● 指名汇报:课文主要写了什么?(林肯首次在参议院演说时,有参议员嘲笑他是鞋匠的儿子。林肯从容自信应对,以仁爱和宽容的人格魅力赢得了信任和赞叹。)

● 学生分段朗读课文(1—4、5—8)并思考:文中谁的态度先后发生了怎样的转变?(教师结合朗读情况及时正音纠错。)

③ 细读课文,品味句子含义。

a. 学生结合课文讨论:文中谁的态度先后发生了怎样的转变?

参议员的态度发生了转变:嘲笑—静默—赞叹(板书)。

b. 议员们为什么要嘲笑林肯?指导朗读嘲笑的语句。

(议员们大部分出身名门望族,他们瞧不起鞋匠家庭出身的林肯,想乘机羞辱他,以泄不能打败他的怨恨。随机点拨"名门望族""羞辱""开怀不已"的意思。）

- 引导：感情朗读议员的话，能读出傲慢的语气。（你在读这句话时特别注意了哪些词？）
- 过渡：面对议员们的嘲笑，你认为林肯总统其实从来都有没有忘记过自己是一个鞋匠的儿子吗？

（学生各抒己见，直到焦点集中到林肯的三段话上。）

- 设疑：林肯的三段话除了表明他从来都没有忘记过自己是鞋匠的儿子，还表明了什么？接下来我们来细细品味这三段话。

c. 深入理解三段话，品味句子含义，体会林肯的人格魅力。

第一，逐段有感情地朗读林肯的话，品味含义，体会其魅力。
- 课件出示：（第一段话）。

我非常感激你使我想起我的父亲。他已经过世了，我一定会记住你的忠告，我永远是鞋匠的儿子。我知道，我做总统永远无法像我父亲做鞋匠那样做得那么好。

○ 感情朗读：指名朗读，学生评议（好在哪里？你觉得该怎么读？你在朗读时特别注意哪些方面？）
○ 品味含义：我为有这样的好父亲而感到自豪。
○ 小结学法。（感情朗读→品味含义）
- 运用学法自学体会林肯的其余两番话，然后与同桌讨论。
- 借助课件学生汇报自学，师生讨论并板书如下。

第二段话的含义：父亲是个伟大的鞋匠，我愿向父亲学习。
第三段话的含义：我乐意像父亲那样为大家服务。
第二，从林肯的三段话中你感受到了他具有哪些人格魅力？（随机板书）
第三，指名对话朗读，班级对话朗读。
第四，小结：现在你认为议员们态度转变的真正原因是什么？
（敬爱父亲，敬重低层劳动者，仁爱、宽容的人格魅力。）
（随机）情感深挖：林肯以真挚的感情、雄辩的口才、朴素的语言、非凡的人格魅力不仅感化了议员们，也感动了自己，你发现了吗？想想他为什么会流下眼泪？（这是感恩之泪，这是激动之泪。）

④ 联系全文，感悟启示。
a. 学了课文，你获得了哪些人生启示？
b. 齐读最后一句话，联系课文，理解含义。

课件出示：批评、讪笑、诽谤的石头，有时正是通向自信、潇洒、自由的台阶。
点拨：有时别人的批评、讪笑和诽谤，反而会使你赢得自信、潇洒和自由。林肯在面对议员们的嘲笑时，从容自信地面对，以仁爱、宽容的人格魅力赢得了信任和赞叹，为做一名好总统奠定了基础。
c. 拓展训练，你有这方面的经历吗？

⑤ 名言总结，结束本课。
最后让我们在斯宾诺的一句名言中结束今天难忘的一课吧！（全体齐读名言）
课件出示名言：人心不是靠武力征服的，而是靠爱和宽容大度征服。

27.【答案要点】(40分)

(1) 分数的基本性质是分数的分子和分母同时乘或者除以相同的数(0除外)，分数的大小不变。商不变性质是被除数和除数同时乘或除以相同的倍数(零除外)，商不变。

(2) 教学目标。
① 知识与技能目标：
a. 经历探索分数的基本性质的过程，理解分数的基本性质。
b. 能运用分数的基本性质，把一个分数化成指定分母(或分子)而大小不变的分数。

② 过程与方法目标：

a. 经历观察、操作和讨论等学习活动，并在探索过程中，能进行有条理的思考，能对分数的基本性质做出简要的、合理的说明。

b. 培养学生的观察、比较、归纳、总结概括能力。

c. 能根据解决问题的需要，收集有用的信息进行归纳，发展学生的归纳推理能力。

③ 情感态度与价值观目标：

a. 经历观察、操作和讨论等数学学习活动，使学生进一步体验数学学习的乐趣。

b. 鼓励学生敢于发现问题，培养学生勇于解决问题的学习品质。

（3）题1：根据分数的这一变化规律，你认为这个式子对吗？为什么？

$\frac{3}{4} = \frac{3 \times 3}{4 \times 3} = \frac{9}{12}$ 强调"相同的数"。

$\frac{2}{5} = \frac{2 \times 2}{5 \times 2} = \frac{4}{10}$ 强调"同时"。

题2：分数的分子、分母都乘以或除以相同的数，分数的大小不变。这里"相同的数"是不是任何的数都可以呢？

$\frac{3}{4} = \frac{3 \times 0}{4 \times 0} = ?$ 强调"0"除外。

题3：请分别找回和 $\frac{1}{3}$、$\frac{1}{2}$ 大小相等的分数。

$\frac{4}{12}$；$\frac{18}{54}$；$\frac{2}{4}$；$\frac{5}{10}$；$\frac{6}{18}$；$\frac{3}{9}$；$\frac{26}{52}$；$\frac{5}{15}$；$\frac{2}{6}$；$\frac{3}{15}$；$\frac{9}{18}$；$\frac{18}{36}$；$\frac{5}{25}$；$\frac{7}{14}$

教育教学知识与能力(小学)全真模拟与预测试题3 参考答案

一、单项选择题(本大题共20小题,每小题2分,共40分)

1—5 DCADC   6—10 DAADD   11—15 CDDDB   16—20 DCCDD

二、简答题(本大题共3小题,每小题10分,共30分)

21.【答案要点】(10分)
教育对社会生产力的发展是具有积极作用的。
(1)教育可以再生产劳动力。通过教育,可以使人掌握一定的知识、生产经验和劳动技能,把可能的劳动力转化为现实的劳动力。
(2)教育可以再生产科学知识。教育可以使原来为少数人所掌握的科学知识,在较短的时间内被更多的人掌握,使科学知识得到普及,先进的生产经验得到推广,从而提高劳动生产效率,促进生产力的发展。
(3)教育可以促进产生技术更新。通过对科学创造的生命载体人的培养,以及教育过程中的创新,促进生产技术的更新,以此对生产力发展产生积极的促进作用。

22.【答案要点】(10分)
(1)利用教学内容与方法的新颖性,引发学生对学习内容的直接兴趣,调动学生的学习积极性。
(2)实施启发式教学,创设问题情境,激发学生的学习兴趣和求知欲。
(3)根据作业难度,恰当控制动机水平。
(4)充分利用反馈信息,有效进行惩罚。
(5)合理设置课堂结构,妥善组织学习竞赛。
(6)正确指导结果归因,促进学生继续努力。

23.【答案要点】(10分)
素质教育,就是全面贯彻党的教育方针,以提高国民素质为根本宗旨,以培养学生的创新精神和实践能力为重点,造就有理想、有道德、有文化、有纪律的德智体美等全面发展的社会主义建设者和接班人。素质教育的基本内涵强调如下内容:
(1)教育要以提高国民素质为根本宗旨;
(2)教育要面向全体学生;
(3)教育须促进学生全面发展;
(4)教育须促进学生个性发展;
(5)素质教育是以培养学生的社会责任感、创新精神和实践能力为重点的教育,这也是素质教育的时代特征;
(6)素质教育要贯穿于教育的全过程并渗透于教育的各个方面。

三、材料分析题(本大题共2小题,每小题20分,共40分)

24.【答案要点】(20分)

这一观点是不全面的。高尔顿的研究揭示了遗传对人的智力发展的影响。遗传是人的心理发展的前提或物质基础,从这个角度来看,高尔顿的结论是正确的。但是,影响人的智力发展的因素不仅仅是遗传,还包括成熟、环境、教育以及个体主观能动性的影响。环境是人的发展的现实基础,为人的发展提供对象、手段、资源、机遇等。人的智力在与环境相互作用中得到发展。家庭结构、家庭教养模式、大众传媒和教育对人的智力发展有重要的影响。其中,教育的影响最为重要。不同的自然物理因素也会影响个体心理发展。另外,个体的主观能动性也对智力的发展有影响作用。在同样的环境、教育条件下,拥有类似遗传条件的人智力发展水平不一样,其中重要的原因就是个人主观能动性不同。所以说,高尔顿的结论是片面的,不够完整的。

25.【答案要点】(20分)

(1)从特点来看,甲教师的教学处理是一种传统的教学处理方法,按部就班,特别强调知识的系统性和完整性。乙教师的教学处理突破了传统的教学模式,具有较大的创新性,这是新课程改革中产生的一种生活化教学,重视学生的主观体验型,调动学生的多种感官,形式活泼,不拘一格,不追求知识的完整,注重学生在观察体验中感悟。

(2)从语文教育学的有关理论来看,虽然这两种教学处理具有共同的优点,例如目的性明确、教学环节清楚、教师主导作用明显、紧扣教材。但相比之下,乙教师的处理要优于甲教师的处理。理由主要有五个:

① 甲教师的处理过程机械,形式单一,不但不能激发学生的学习兴趣,反而易使学生产生厌倦情绪;乙教师的处理则形式灵活,丰富多变,因此,能够引发学生的学习情趣。

② 甲教师把自己的角色定位于知识传授者,因此,注重对课文内容的分析,结果把课文搞得支离破碎;乙教师则将自己的角色定位于引导者,达到了"道而弗牵"的要求,通过体验式活动的设计,调动起学生的学习主动性和积极性,能够充分保证学生的主体地位。

③ 甲教师只注重知性(理性)知识分析传授,学生接受性差,即使接受了,也不可能达到内化的程度;乙教师则注重对学生感性或直觉的培养,通过感性的认识活动,帮助学生获得语文学习的兴趣,获得对对象的完整的认识和深刻的体验。

④ 甲教师的处理,只将课堂教学停留在书本中,只要求学生带耳朵听讲,导致学生眼界狭窄,能力匮乏;乙教师则将教学从课内延伸到课外,将书本知识与生活知识结合起来,促使学生自己去品味探索,研究判断,不但激活了学生的思维,而且也拓宽了学生的学习天地,不但帮助学生更确切地了解说明对象,而且形成了自己独特的体验。

⑤ 甲教师的教学处理缺乏师生沟通的基础,乙教师的教学处理则能强化师生之间、生生之间的思想交流和情感融合。

四、教学设计题(本大题有2小题,请任选1小题作答,全部作答只按前1小题计分,共40分)

26.【答案要点】(40分)

(1)文言文翻译的原则是"信""达""雅"。"信"是忠实于原文的内容和每个句子的含义。"达"就是翻译出的现代文表意要明确,语言要通畅。"雅"就是用简明、优美、富有文采的现代汉语把原有的内容、形式以及风格准确表达出来。

(2)教学目标。

① 知识与技能:掌握文中出现的生字词及其用法。

②过程与方法：结合工具书和注释，通过多种阅读形式，理清文章的主要内容。

③情感态度与价值观：体会知音的境界，树立正确的交友观，感受音乐艺术的魅力。

(3)新课教学过程。

①初读课文，感知知音。

②品读课文，感悟知音。

③诵读全文，回味知音。

27.**【答案要点】**(40分)

(1)类比思想。类比思想是指依据两类数学对象的相似性，将已知的一类数学对象的性质迁移到另一类数学对象上去的思想。

(2)教学目标。

①知识与技能：使学生知道生活中有比万大的数；使学生进一步认识计数单位"万、十万、百万、千万和亿"，类推每相邻两个计数单位之间的关系，知道数级、数位。

②过程与方法：使学生经历揭示各计数单位间的关系的过程，掌握数位顺序表，理解位值的概念。

③情感、态度与价值观：体会大数在生活中的广泛应用，培养学生在实际生活中寻找数学信息的意识和能力。

(3)通过复习旧知识以及联系日常实际导入。

出示中央电视台鉴宝节目中两件藏品的价格8000元、200万元，让学生复习上节课内容。出示北京、西藏、四川、新疆的人口普查数据，导入新课。

设计理由：根据最近发展区理论，结合学生当前的学习水平对旧知识进行复习，为新知识的学习做好铺垫。通过多媒体课件的形式直观地给学生提供现实的问题情境，使学生产生解决问题的欲望，积极主动地参与到学习活动之中。

教育教学知识与能力（小学）全真模拟与预测试题 4
参考答案

一、单项选择题（本大题共 20 小题，每小题 2 分，共 40 分）

1—5　CCACA　　6—10　DADCC　　11—15　BCCCD　　16—20　ACBCB

二、简答题（本大题共 3 小题，每小题 10 分，共 30 分）

21.【答案要点】（10 分）

小学德育的方法有以下几点。

（1）说服教育法：是借助语言和事实，通过摆事实、讲道理，以影响受教育者的思想意识，使其明辨是非，提高思想认识的方法。

（2）榜样示范法：是用榜样人物的高尚思想、模范行为、优异成就来影响受教育者的思想、情感和行为的方法。

（3）情感陶冶法：是教育者自觉创设良好的教育情境，使受教育者在道德和思想情感方面受到潜移默化的感染、熏陶的方法。

（4）指导实践法：是教育者组织受教育者参加各种实践活动，在行为实践中使受教育者接受磨炼和考验，以培养其优良思想品德的方法。

22.【答案要点】（10 分）

（1）根据教学任务、教学内容以及学生的年龄特点恰当地选择直观教具和教学手段。

（2）直观手段的运用必须与教师的讲解密切配合。

（3）重视运用"语言直观"。教师要善于运用生动形象的语言，帮助学生理解和掌握知识。

23.【答题要点】（10 分）

（1）低年级儿童难以深刻理解学习的意义。

（2）学习动机是希望获得老师的称赞、父母的夸奖。

（3）低年级学生对学习过程的形式感兴趣，而对学习内容和结果的兴趣相对较弱。低年级学生的学习习惯尚未完全形成，对学习的常规也缺乏足够的了解。

（4）对学习结果的重视程度随年龄而增加。

三、材料分析题（本大题共 2 小题，每小题 20 分，共 40 分）

24.【答案要点】（20 分）

（1）马斯洛认为人的需要有五个层次，由低到高依次是：生理的需要、安全的需要、归属与爱的需要、尊重的需要和自我实现的需要。只有低层次的需要得到满足之后，才能产生高层次的需要。

（2）甲同学是因为安全的需要、归属与爱的需要没有得到满足，乙同学是因为安全的需要、尊重的需要没有得到满足。

（3）①关心爱护学生，加强与家长沟通，满足学生归属与爱的需要、安全的需要。②充分尊重学生的人格,恰当地表扬和批评,满足学生安全的需要和被尊重的需要。

25.【答案要点】(20分)
(1)培养优良班集体的方法如下:
① 确立共同的奋斗目标;
② 选择和培养班干部,形成班级骨干力量;
③ 培养良好的班风,形成健康向上的集体舆论;
④ 坚持经常开展丰富多彩的班级教育活动。
(2)教育转化"在野学生领袖"的方法如下:
① 严格要求,动之以情,晓之以理,约之以规;
② 利用其特长为班集体做好事,争荣誉;
③ 将"在野学生领袖"转化为"正式学生领袖"。

四、教学设计题(本大题有2小题,请任选1小题作答,全部作答只按前1小题计分,共40分)

26.【答案要点】(40分)
(1)记叙文的六要素分别是时间、地点、人物,事件的起因、经过和结果。
(2)教学目标如下:
① 知识与技能:学会本课的生字、新词,并理解词语的意思;读通全文,初步了解课文的大意,完成相关的练习;能用正确的语气朗读句子;懂得写观察日记的目的和方法;能理解课文按事情顺序记叙的方法。
② 过程与方法:着重抓住"我"两次猜测的句子,帮助学生理解课文1~4段。
③ 情感态度与价值观:懂得环境污染对人体健康的危害和环境保护的重要性,养成保护环境的良好习惯;培养学生仔细观察、认真分析的学习品质。
(3)导入环节如下:
联系学生的生活积累,设疑导入。
① 在黑板上书写"咳嗽"两个字。
② 同学们,现在请大家谈谈对"咳嗽"的了解,咳嗽一般由哪些原因引起?
③ 你们想不想知道爸爸的咳嗽又是由什么引起的呢?
设计意图:小学生体质较弱,都有过生病咳嗽的经历,从"咳嗽"两个字入手,能够让学生有话可说,能够锻炼学生的语言表达能力。最后,提出的问题在学生的脑中留下悬疑,使学生产生一种迫不及待想要去研读课文的兴趣,有助于课堂教学的顺利开展。

27.【答案要点】(40分)
(1)异分母分数加、减法算理是相同的单位才能相加减。也就是分母相同,分子才能相加减。
(2)教学目标。
知识与技能:让学生经历异分母分数加、减法的计算方法的探究过程,认识将旧知识转换成新知识是获得知识的重要途径。
过程与方法:初步理解异分母分数加、减法的算理,掌握异分母分数加、减法的一般计算方法和验算方法,会正确地进行计算和验算。
情感、态度与价值观:通过学习回收有用垃圾的计算,唤起学生的环保意识。
重点:掌握异分母分数加、减法的一般计算方法。
(3)教学活动。
① 导入新课:如果两个分母不同的分数相加或相减,该怎样计算呢?这节课我们就要研究这个

问题。(板书课题)

师:当今,环境污染成为威胁人类生存的大敌。生活垃圾有许多,但并非都对人类无益,像纸张垃圾和金属垃圾都是有用垃圾,只要经过一定的处理,便可以变废为宝。因此,在日常生活中,要将垃圾分类处理,这样就能达到降低污染、保护环境的目的。请大家看统计图,从中你知道哪些信息?

我们知道纸张和废金属是垃圾回收的主要对象,它们在生活垃圾中共占几分之几呢?学生列出算式:$\frac{3}{10}+\frac{1}{4}=$

② 探讨"$\frac{3}{10}+\frac{1}{4}$"的算法。

a. 你能用学过的知识解决吗?请大家尝试计算"$\frac{3}{10}+\frac{1}{4}$"。教师巡视,然后将学生中的几种不同算法列举在黑板上。

A. $\frac{3}{10}+\frac{1}{4}=\frac{12}{40}+\frac{10}{40}=\frac{22}{40}=\frac{11}{20}$

B. $\frac{3}{10}+\frac{1}{4}=\frac{6}{20}+\frac{5}{20}=\frac{11}{20}$

C. $\frac{3}{10}+\frac{1}{4}=\frac{3+1}{10+4}=\frac{4}{14}=\frac{2}{7}$

b. 集体评价。让学生分别对上述三种计算方法进行评价。达成共识:第一种算法正确,但不简便。将$\frac{3}{10}$和$\frac{1}{4}$通分时,没有找10和4的最小公倍数,而是找它们的公倍数,所以计算时数据较大,结果还要约分。第二种算法既正确又简便,先找10和4的最小公倍数,通分后再相加;第三种算法不对,算理错了。两个分数的单位不同,一个是$\frac{3}{10}$,一个是$\frac{1}{4}$,单位不同的两个分数是不能直接相加的。教师用图加以说明。

c. 归纳异分母分数加法的计算方法。

在集体评价的基础上,教师用课件动态显示$\frac{3}{10}+\frac{1}{4}$的计算的过程,边演示边说明:由于10和4的最小公倍数是20,所以把圆平均分成20份,这样$\frac{3}{10}$变成$\frac{6}{20}$,$\frac{1}{4}$变成$\frac{5}{20}$,所以$\frac{3}{10}+\frac{1}{4}=\frac{6}{20}+\frac{5}{20}$。

教师:通过计算$\frac{3}{10}+\frac{1}{4}$,谁来说一说分母不同的两个分数怎样相加?

在学生归纳的基础上,教师让学生将自己表述的语言和教材上的文字语言进行对照,学会用简明扼要的语言归纳异分母的分数加法的计算方法。

③ 探讨"$\frac{3}{10}-\frac{3}{20}$"的算法。

d. 师:异分母分数相加我们会算了,那么异分母分数相减该怎么算呢?图中的第2小题,危险垃圾多,还是食物残渣多?多多少?学生尝试独立解答。板书:$\frac{3}{10}-\frac{3}{20}=\frac{6}{20}-\frac{3}{20}=\frac{3}{20}$,答:食物残渣多,多$\frac{3}{20}$。

在学生说算法的基础上,教师引导归纳:异分母分数相减,也是先通分再相减。尝试练习:$\frac{2}{3}-\frac{1}{6}$。

提醒:通过计算,你能归纳出异分母分数加、减法的计算方法吗?

（板书：异分母分数加减法，先通分，然后按同分母分数加减法的法则进行计算。）

e. 分母分数减法的验算。

师：分数加减法的验算方法与整数加减法的方法相同，怎样验算$\frac{3}{10}+\frac{1}{4}$，$\frac{3}{10}-\frac{3}{20}$呢？

师：加减法验算的方法主要有两种：一种重算法（将原式再算一遍）；第二种逆算法，逆算关系主要有以下几种："减数＋差＝被减数""被减数－差＝减数""和一个加数＝另一个加数"。学生多数会用此法验算。

学生独立完成验算，教师巡视指导，指明验算过程，集体反馈。提醒学生养成检查的良好习惯。

教育教学知识与能力(小学)全真模拟与预测试题5
参考答案

一、单项选择题(本大题共20小题,每小题2分,共40分)

1—5　CBBAA　　6—10　CAAAC　　11—15　DBCDB　　16—20　DAAAB

二、简答题(本大题共3小题,每小题10分,共30分)

21.【答案要点】(10分)

(1)专业理念。教师专业理念是指从事教育教学工作的专业人员遵守的一套行为规范和为实现美好生活而提升自我的内在品格和德行。教师的专业理念包括专业态度、教育理念和专业道德三个方面的内容。

(2)专业知识。教师的专业知识包括本体性知识、条件性知识、实践性知识和文化知识四个方面的内容。

(3)专业能力。教师专业能力是指教师在一定教育思想指导下,在已有知识经验基础上,通过实践练习和反思体悟而形成的顺利完成教学任务的一系列教学行为方式和心智活动方式。

22.【答案要点】(10分)

(1)诊断教学问题;
(2)提供反馈信息;
(3)调控教学方向;
(4)激励学习热情;
(5)检验教学效果。

23.【答案要点】(10分)

(1)遗传素质提供了人身心发展的可能性;
(2)遗传素质的心理成熟程度制约着人的身心发展过程和阶段;
(3)遗传素质的差异性在构成身心发展的个别特点上具有一定的影响。

三、材料分析题(本大题共2小题,每小题20分,共40分)

24.【答案要点】(20分)

作为教师,面对课堂吵闹现象应有的基本态度是课堂确实需要纪律,但课堂气氛更加重要。

课堂纪律要有助于营造一个良好的课堂气氛,符合学生的生理和心理发展特点,容纳学生的不同个性。学生的动作与声音(言为心声)是学生成长的一部分,学校应适应学生的发展,允许学生自主参与。动作和语言是儿童情绪、情感的伴随物,在激烈的讨论中儿童可以表达自己内心的喜悦、愤怒、遗憾和沮丧。教师要与学生分享这种情感。

常规做法是不追求课堂的绝对安静,保持稍稍的喧闹。改变课堂的权威结构和主体定位,即由教师作为权威的主体和偏向于教师的权威结构向以学生为学习的主体、师生民主平等的权威结构转变。

25.【答案要点】(20分)

黑格尔老师的评语,以比较艺术的方式,让学生知道其缺点与不足,这样有利于学生的进步。评语以平静的语气写给学生看,写出了学生的核心特质。

给学生写评语应该以发展的眼光,通过鼓励的方式与学生交流,对学生的发展和所取得的成绩表示认同,促使学生形成健康的目的和正确认识自我,以更好地把握自己未来的发展。

四、教学设计题(本大题有2小题,请任选1小题作答,全部作答只按前1小题计分,共40分)

26.【答案要点】(40分)

(1)写作特点。本文是一篇说明文。通过举例子、列数字、打比方的写作方法,细致有序地描写了海底世界。

(2)教学目标。

① 知识与技能:通过查字典理解注音字的含义,会用"窃窃私语""景色奇异"等词语造句,会流利地朗读课文。

② 过程与方法:学习打比方、作比较、列数字等写作手法的使用,初步感悟说明文的表达方法。通过合作学习的方式,让学生在掌握知识的同时获得与他人合作讨论学习的能力。

③ 情感态度与价值观:通过作者对海底世界的描述,培养学生热爱自然的情感,激发学生探索大自然奥妙的兴趣。

(3)依据三维教学目标,设计三道题目如下:

设计题目一:用"窃窃私语""景色奇异""澎湃""蕴藏"造句。

设计意图:通过造句,帮助学生理解重点词语的意思,学会运用本课中的词语进行简单的写话。

设计题目二:让学生按照语文小组的形式讨论第二段和第三段是围绕哪些中心句展开的?分别写到了哪些动物?它们各自有什么特点?

设计意图:通过分小组讨论的形式讨论文章的核心段落,一方面锻炼了学生表达自己的能力,另一方面也掌握了文章的核心内容。

设计题目三:海底世界生物的种类还有很多,你所知道的海底生物有哪些呢?课后搜集一些你了解的海洋的资料,跟大家分享一下你所知道的海底生物。

设计意图:通过搜集海底生物的信息,激发学生对大自然的探索欲望,培养学生搜集信息的能力,并体会跟大家分享自己成果的喜悦。

27.【答案要点】(40分)

(1)促进学生空间观念的发展是小学数学几何教学的重要任务。空间观念是在活动的过程中逐步建立起来的。儿童的理解来自他们作用于物体的活动,因此本节课重在以下两个方面:

① 给予学生充分的时间和空间从事数学活动,让他们抓住问题的关键(平行四边形的特征),通过观察、操作、有条理的思考和推理、交流等活动经历从现实生活中抽象出几何图形的过程。

② 注重数学实践活动,突出几何图形之间的联系,在活动过程中运用数学的思维方式进行思考,增强应用知识分析和解决问题的能力,体会解决问题策略的多元化。

教学目标:

a. 知识与技能：
● 在联系生活实际和动手操作的过程中初步认识平行四边形,使学生能够识别平行四边形,知道平行四边形容易变形的特性和对边相等的基本特征。
● 根据平行四边形的基本特征会在方格纸上画平行四边形。
b. 过程与方法：
● 使学生在观察、动手操作、想象、情境描述等活动中,通过有条理的思考和简单的推理,经历体验平行四边形的基本特征的过程,进一步积累认识图形的经验,形成表象,进而发展空间观念。
● 通过剪一剪、画一画、改一改等数学活动,培养学生运用数学的思维方式进行思考问题,知道同一个问题可以有不同的解决方法。
c. 情感与态度：
● 感受图形与生活的联系,使学生体会平行四边形在生活中的应用,培养数学应用意识,增强对"图形与几何"的学习兴趣。
● 通过多种学习方式促进学生积极参与数学活动,对数学有好奇心和求知欲。
(2) 教学重点、难点：使学生知道平行四边形对边相等、容易变形的特征。
① 教学活动设计。
a. 抓住关键,建立表象。
● 动手操作,感悟特征。
学生动手推拉长方形框。
生动手操作,师巡视,给学生充分的"玩"的时间。
思考：拉长方形的一组对角,长方形的边和角有什么变化？
● 交流汇报,描述特征。
师：仔细观察这个平行四边形,说一说,它有哪些特征？
思考：用什么办法知道平行四边形的对边相等？
师：老师也想和同学们再玩一玩这个平行四边形,我们边玩边说（推拉过程）,这样叫容易变形,对边相等,这条边的对边是这条边,还有另一组对边是这两条边。
② 设计意图。
利用新旧知识之间的联系,从知识的逻辑顺序和大数学观的背景中引导学生初步发现平行四边形和已学的长方形之间的联系,抓住问题的关键,让每一位学生通过推拉长方形框,既动手又动脑,充分发挥学生的主动性,感悟平行四边形的特性,从而发现平行四边形与长方形的联系,培养了学生的合情推理能力。
a. 初步应用,识别图形。
● 提出疑问：为什么这些图形不是平行四边形？
● 设计意图：平行四边形在实际生活中有着广泛的应用,通过让学生说、找,说明几何图形无处不在,启发学生用数学的眼光去观察、去思考,使学生懂得数学与生活的联系。
b. 应用知识,操作体验。
● 剪一剪。
师：如果要把这张长方形纸变成平行四边形纸,该怎么变呢？
用课件演示长方形纸变成平行四边形的过程。
思考：如果长方形纸对折的次数越多,剪出来的平行四边形越（　　　）？
学生动手剪一个自己喜欢的平行四边形。

设计意图：应用长方形和平行四边形"对边相等"这一共性的知识进行操作，在剪一剪中对长方形和平行四边形的关系进行梳理，学生对平行四边形的特征加以巩固、辨析。通过观察想象"长方形对折的次数越多剪出来的平行四边形越接近长方形"释放学生想象的空间和时间，让学生感悟数学的极限思想。通过梳理，培养了学生的推理能力和思维能力，为今后学习平行四边形的面积奠定坚实的基础。

● 画一画，改一改。

设计意图：在学生对平行四边形的特征有了充分的体验认知后，设计"画一画""改一改"，本环节的练习设计贴近学生的生活实际，又具有开放性、层次性、趣味性。通过练习完善学生已有的知识体系，体会解决问题策略的多样性，在解决问题中提高学生的思辨能力，而且渗透了平行四边形和梯形的联系。

教育教学知识与能力(小学)全真模拟与预测试题6
参考答案

一、单项选择题(本大题共20小题,每小题2分,共40分)

1—5 BABAA　　6—10 CDACC　　11—15 BDACA　　16—20 DDBAB

二、简答题(本大题共3小题,每小题10分,共30分)

21.【答案要点】
(1) 及时复习。识记后,遗忘很快就会发生。
(2) 合理分配复习时间。
(3) 分散复习与集中复习相结合。
(4) 复习方法多样化。
(5) 运用多种感官参与复习。
(6) 尝试回忆与反复识记相结合。
(每小点2分,满分为10分。)

22.【答案要点】
(1) 文化观念制约教育观念。
(2) 文化类型影响教育目标。
(3) 文化本体影响教育内容。
(4) 文化传统制约教育活动的方式。
(5) 文化传统制约教育的传统与变革。
(每小点2分,满分为10分。)

23.【答案要点】
(1) 评语目的是阶段性的总结,而不是检查和评比,所以不能给学生下定义或分等级。
(2) 评语内容包括学生优缺点、希望与建议。
(3) 评语呈现要有发展的眼光,关注学生的发展可能性。
(4) 评语形式多样化,根据学生个性特点撰写。
(5) 评语内容具有教育性、针对性。
(6) 评语语言表述亲切、富有激励性。
(每小点2分,满分为10分。)

三、材料分析题(本大题共2小题,每小题20分,共40分)

24.【答案要点】
(1)
沈老师的处理方式很恰当,原因如下。

① 育人为本,关爱学生。
从以人为本的学生观出发,坚守学校的教育责任。
② 长善救失,表扬与批评相结合。
沈老师在学生的恶作剧中发现学生的闪光点,肯定其美术天赋,但提醒学生注意场合。
③ 发挥积极因素,克服消极因素。
学生最后冲上讲台主动擦掉了他的"得意之作"。
④ 教师运用了期望效应。
罗森塔尔的实验对教师的启发表明,教师如果对学生有期待,并能鼓励指导学生,学生就会取得很大的成就。
⑤ 沈老师运用了教学的教育性原则。
在教学中能够从思想品德方面给予学生一定的启发,能够做到让学生自我感悟。
(每小点2分,不展开说明酌情扣2—3分。)
(2)
① 冷处理。
② 爱心感化。
③ 客观公正。
④ 因势利导。
⑤ 慎用批评与惩罚。
(每小点2分。)

25.【答案要点】
(1)
① 评价的客观性。
刘老师针对质疑、朗读等不同情况进行客观的描述性评价。
② 评价的指导性。
通过评价指出努力方向,要求学生不仅要表现出惊讶,还要表现出赞叹。
③ 评价的科学性。
刘老师对学生的评价基于事实,在学生质疑时说:"你真是个爱思考的孩子!"
④ 评价的发展性。
刘老师的评价是一种积极性的评价,以促进学生发展为目的。
(每小点2分。)
(2)
① 评价目的是促进发展。
② 强调过程评价。
③ 评价内容综合化。
④ 评价方式多样化。
⑤ 评价主体多元化。
(每小点2分。)

四、教学设计题(本大题有2小题,请任选1小题作答,全部作答只按前1小题计分,共40分)

26.【答案要点】
(1)
① 教学目标必须涵盖知识与技能、过程与方法、情感态度与价值观三大领域。(4分)

② 行为主体必须是学生,行为动词必须是可操作的。(4分)
③ 必须符合文本内容和中年级段学生的心理特点。(2分)
(2)
① 可以从知识角度、技能角度、情感态度、价值观角度设计,也可以从"父亲""母亲""我"的角度设计;其他设计言之成理则可。
② 设计的一组问题必须有一定的逻辑结构,有一个明确的主题。
③ 设计的一组问题表述符合中年级段小学生的认知特点。
(每组问题占5分,其中问题3分,理由2分。共15分。)
(3)
① 目的性与概括性。
要求:紧扣课文原意、准确使用关键词语、简洁完整。
② 艺术性。
要求:书写正确、规范、美观。
③ 系统性。
要求:布局合理、条理清晰。
(板书设计占10分,说明理由占5分。)

27.【答案要点】
(1)
① 基础知识。
本课中,让学生通过观察和动手操作,获得圆的相关知识,这样能够使学生牢固掌握。
② 基本技能。
学生在观察圆的特点,动手操作画圆的过程中锻炼观察能力与动手操作能力。
③ 基本思想。
学生在学习中体会数学的基本思想。
④ 基本活动经验。
学生通过动手,增加操作体验。
(每小点2分。)
(2)
① 教学目标必须涵盖知识与技能、过程与方法、情感态度与价值观三大领域。(4分)
② 行为主体必须是学生,行为动词必须是可操作的。(4分)
③ 必须符合文本内容和中年级段学生的心理特点。(2分)
(3)
① 包含教学的基本环节。(10分)
② 符合教学目标的要求。(6分)
③ 思路清楚,具有操作性。(6分)

教育教学知识与能力(小学)全真模拟与预测试题7
参考答案

一、单项选择题(本大题共20小题,每小题2分,共40分)

1—5 BDCBB   6—10 CBDBB   11—15 BDABD   16—20 BACDC

二、简答题(本大题共3小题,每小题10分,共30分)

21.【答案要点】(10分)
(1)知觉的选择性。
(2)知觉的理解性。
(3)知觉的整体性。
(4)知觉的恒常性。

22.【答案要点】(10分)
(1)生产力的发展以及社会生产力水平的提高为学校产生提供了物质基础。
(2)脑力劳动和体力劳动相分离为小学提供了专门从事教育活动的知识分子。
(3)文字创造知识的积累为学校教育活动的开展提供了有效的教育手段与充分的教育内容。
(4)国家机器的产生需要专门的机构来培养官吏和知识分子来为统治阶级服务。

23.【答案要点】(10分)
(1)学生为本。小学生具有发展性、主动性等特点,在教育过程中,以学生为本,遵循教育教学规则,尊重关注和爱护学生,引发学生积极、主动地参与学习,促进小学生快乐学习健康成长。
(2)师德为先。师德是作为教师的第一要素。要注重为人师表。
(3)能力为重。教师的专业能力是教师教育理念和专业知识的载体,它直接关系到学生的学习能力、实践能力和创新能力的形成。
(4)终身学习。终生学习是当代社会的重要特征,教师要不断反思,学习、完善和充实自己。

三、材料分析题(本大题共2小题,每小题20分,共40分)

24.【答案要点】(20分)
(1)这种现象说明了人们对学校教育的认识是片面的,没有真正理解学校教育的本质。认为"考上大学"才是唯一的理想是片面的、不科学的。理想教育是小学生德育的重要内容。好好学习的目的并不是只为了考上大学,而是为了提升自我能力和自身素质,教育的本质是培养人的社会活动。
(2)首先,应当让小学生树立正确的教育观,我国现在提倡素质教育,要培养学生的主动性和创新性,不能以考试成绩作为评价的唯一标准。其次,在促进学生全面发展的同时,应注重其个性发展,每个学生都有自身的特长和优势,不一定上大学才有出息。最后,小学教育应当在注重学生德、智、体、美等全面发展的同时,促进学生个性发展。

25.【答案要点】(20分)

(1) 教学情境是指在课堂教学环境中,作用于学生而引起学生积极的学习情感反应的教学过程。在教学中,教师可以采用编故事和创设问题进行教学情境的设计,教师可以通过创设生动的故事,激发学生学习的兴趣,同时通过故事的引导和一定的问题情境联系,激起学生的求知欲;根据教学内容,创设新奇的、独特的教学情境,有效地激发学生的学习兴趣,培养学生的创新和探究能力。

材料中,孙老师把枯燥乏味的数学题目,利用学生感兴趣的"六一"儿童节创设故事,激发学生的兴趣,同时根据教学内容提出教学问题,这样新奇巧妙的设计激发了学生的学习兴趣,是值得我们学习的。

(2) 教师在处理教材内容时,应做到以下几点。

① 深入了解学生,找准教学的起点。教学设计的对象是学生,教学设计的成效如何,取决于对学生情况的了解程度。教师在处理教材时,要充分考虑学生的身心发展特点,结合他们的已有知识和生活经验设计富有情趣的数学教学活动。

② 教师在处理教材时应注意结合学生的生活实际,激发学生的学习积极性与好奇心,向学生提供参加活动的机会。帮助他们在自主探索和合作交流的过程中理解知识、解决问题。

③ 合理地确定教学内容的广度和深度,一节课的信息量过大,知识点过多,学生难以接受;而一节课的信息量过小,知识点过少则浪费时间,不利于调动学生的积极性。所谓教学内容的深度,就是指知识的难度,也就是教师挖掘教材的程度。教学的难度太小,不容易激发学生的学习兴趣;教学的难度过大,容易挫伤学生的学习积极性,选择符合学生"最近发展区"的合适的难度,有利于培养学生的自信心。

四、教学设计题(本大题有2小题,请任选1小题作答,全部作答只按前1小题计分,共40分)

26.【答案要点】(40分)

(1) 教学目标。

知识与技能:能够通过恰当的语言和具体的事例来表达内心的真情实感,能够正确使用冒号、引号等标点符号。

过程与方法:在交流中学会倾听,学会倾诉,尊重别人独特的内心感受,提高自己的认识。通过观察、讨论和回忆等形式发现自身的真实感受,学会与生活实际相联系的写作方法。

情感态度与价值观:乐于书面表达,愿意与他人分享内心的真实感受,感受习作的快乐并增强习作的自信心,逐步养成留心观察、勤动笔的写作习惯。

(2) 教学难点。

能够敞开心扉,真实地说出内心的想法,用合适的语言表达真情实感。

分析:习作意在引导学生学习用诚恳的态度、真诚的语言与他人交流,联系生活和思想的实际。因此习作要求学生能敞开心扉,以书面形式表达自己最想说的心里话,做到内容真实、言语真诚。

这一学段的儿童经过低年级写话训练后,已有一定的言语表达基础,有参与习作的愿望。但儿童受先见思维定势的影响,会觉得无话可写,或者一味表达烦恼、不满等灰色信息,倾诉对象也容易局限于身边熟悉的人、事等较为陈旧的题材。因此,教学中应积极调动学生的生活储备,激发其表达欲望,启发其思维,打开其思路,在表达方式和内容上给学生以充分的自由,促进其易于动笔、乐于表达。

(3)教学评语。

这般丰富的内容真是出乎老师的预料,说明你平时一定非常细心地观察爸爸,这么多的感叹句也让老师能够感受到你内心强烈的渴望,但是当爸爸有没有什么坏处呢?是不是还要照顾你啊?另外还要注意错别字,"在"和"再"的区别还记得吗?

27.【答案要点】(40分)

(1)模型思想。

数学模型是用数学语言概括或近似地描述现实世界事物的特征、数量关系和空间形式的一种数学结构。数学的模型思想是一般化的思想方法,数学模型的主要表现形式是数学符号表达式和图表,因而它与符号化思想有很多相通之处,同样具有普遍意义。

本课属于乘积模型。小学数学中的数量关系有两个基本模型:一个是总体等于部分的和,即求和的模式,部分+部分=和;另一个模型是乘积的模型,总价=单价×数量和路程=速度×时间,这两个常见的数量关系是乘积关系的模型。

(2)教学目标。

知识与技能:初步掌握三位数乘两位数的笔算方法,并能正确地进行运算。

过程与方法:学生经历三位数乘两位数笔算的过程,能根据两位数乘两位数的笔算方法,类推并掌握三位数乘两位数的笔算方法,初步培养迁移能力。

情感态度与价值观:学生在解决具体问题的过程中,应用合适的方法进行估算,养成估算的习惯,感受数学在生活中的应用。

(3)教学环节。

① 情景导入。

a. 出示例题情景。

图片:特快列车每小时可行160千米;普通列车每小时可行106千米。

问题:它们30小时各行多少千米?

b. 学生根据题意,独立写出解题算式,独立进行计算。

出示课题:因数末尾有0的计算。

出示学习目标:我能口算、笔算因数末尾有0的乘法。

(设计理由:创设了一个生活中学生比较熟悉的情境,希望学生能主动参与估算,让学生通过估算,培养学生的数感,同时也使学生明确要解决的问题,用已有知识来解决新问题是数学学习的重要方法。先让学生估算,再尝试笔算,实现估算、笔算的有机结合。同时,允许不同层次的学生采取不同的学习方法,较好地体现了"关注差异、因材施教"的教学原则。)

② 质疑与小结。

a. 反馈第①题:请不同算法的学生说一说。

b. 重点围绕竖式的简便写法和积进行讨论。

● 写竖式时,如何处理0和非0数字的对位问题。

● 怎样确定积的末尾0的个数。

c. 反馈第②题:重点围绕竖式的简便写法。

● 因数末尾有0如何列竖式简便?应注意什么?

两个因数末尾都有0的简便算法是"先把0前面的数相乘,再看两个因数末尾一共有几个0,则在积的末尾添写几个0"。

● 因数中间有0,计算时应注意什么?

乘数中间有0的乘法,用0乘这一步可以省略。但要注意用乘数哪一位上的数来乘,乘得的数的末位就要和那一位对齐。

(设计理由：让学生通过对不同方法的比较、算法之间内在联系的深入分析,从中逐步体验到竖式计算简洁、明白、通用、易查的优越性,体验到竖式计算的优越性和学习竖式的价值。在这个过程中,注重引导学生在自主探索,合作交流中体验各种算法,选择最优的方法。)

③ 巩固练习。

a. 尝试完成课后练习。

b. 学生独立完成,全班讨论论证。

(设计理由：通过练习和方法比较,让学生进一步掌握因数有0的三位数乘两位数的算法。)

④ 全课小结。

a. 总结这节课学习了什么,我们是怎样学会这些新知识的。

b. 同学们喜欢看课外书吗？前几天老师买了一套少儿百科全书,付了120元,如果买2套付多少钱呢？5套呢？学校图书室要买12套,你能算出要付多少钱吗？

(设计理由：通过总结归纳让学生感受知识的学习过程,通过延伸题目引导学生思考,为下一课时打好基础。)

28.【答案要点】(40分)

(1) 英语游戏教学的作用。

游戏是孩子们喜欢的活动,英语游戏教学有积极的作用,有助于促进儿童记忆力的发展,游戏教学有使知识形象化的特点,增加记忆的强度,促进儿童记忆力的发展。有助于促进思维能力的发展,在游戏教学活动中,学生通过观察、感知、积极思考而做出的判断,是一种积极主动的再创造的过程,从而使学生的思维得到锻炼和提高。有助于促进儿童表演力和创造力的发展,小学生有丰富的模仿和创造潜能。这都要教师平时耐心地去培养。英语课堂上的分角色表演的游戏活动是将知识转化为能力的重要环节,也是训练学生运用英语的好方法;有助于促进儿童想象力的发展,在游戏中学生的思维不受任何限制与约束,不仅充分发挥了想象力,而且在不知不觉中学会了句型;有助于提高口语能力,在课堂教学中开展游戏活动,绝大多数的学生会在轻松的环境里摆脱英语的生涩感,从而能大胆地讲英语,渐渐提高组织语言的能力。

营造轻松愉快的学习氛围,有助于激发学生的学习兴趣和动机,有助于开发学生的潜能,有助于帮助学生理解英语言,有助于激活学生运用英语表达的能力。

(2) 教学目标。

① 通过参与英语游戏,建立起浓厚的英语学习兴趣。

② 通过游戏活动,更好地习得语音、语义,以及语言在特定环境下的运用。

③ 通过游戏环境里的交流互动,提高英语听说能力。

④ 通过做游戏,学生运用理解力、想象力、分析力等,提高学生的交际能力、开发智力并培养各种技能。

(3) 教学设计。

导入环节。

教学"Fruit"(水果)一课时。

师：① (让两个同学扮演不同的水果)你们两个是不同的水果,大家能从他们的介绍中猜出他们是什么水果吗？(apple、banana、pear 等,然后教师为学生戴上相应的水果图案)

② 请你上台来表演一种水果好吗？(学生选择一种水果图案戴上)

③ 除此之外,你还知道哪些水果?(学生举手回答)

(设计理由:小学生的思维是以具体形象思维为主要形式,好奇心强且爱表演。教师在教学过程中要考虑到这些特点,充分利用直观教具、形象化的语言和学生已有的经验,从生活实际出发,创设充满情趣、童趣的各种活动,让学生每节课都在活跃的氛围中学习,从而建立起浓厚的英语学习兴趣。)

操练环节。

师:① 我们来玩一个"touch and guess"的游戏,好不好?(将8种不同的水果放在一个不透明的袋子里)

② 请同学上来摸一摸,并猜一猜它是什么水果?(猜对了将水果奖励给他)

③ "Today everyone has many delicious food. I'm very hungry. Please help me!"(老师摸着肚子说饿了,请同学们帮帮忙,运用今天学到的单词与句式)

(设计理由:丰富多彩的游戏能引起学生的兴趣,使学生全神贯注。在"活""乐""玩"的学习情境下,学生就会牢固掌握所学的语言知识点。此外,教师在课堂上不断创新的游戏,会使学生产生一种新鲜感和期待感,从而更激发了他们的学习热情。英语游戏是在一定规则支配下设置的一种语言环境,在这种环境里,学生用英语进行交流互动,对于他们提高听说能力会有很大的帮助。)

29.【答案要点】(40分)

(1) 歌曲《乃哟乃》的介绍。

歌曲《乃哟乃》是一首土家族儿歌。歌词中"乃哟乃"是快来吧的意思,"乃哟嗬"等衬词表达了热闹的场面和快乐的气氛。这首儿歌全曲由"do mi sol"三个音组成,独特的旋律赋予歌曲浓郁的民族风格。

(2) 教学目标。

① 通过学唱和表演《乃哟乃》,初步感受土家族儿歌的特点,体验土家族民歌的风格和韵味。

② 能初步听辨高和低的音,并能随着音乐准确地读出节奏和歌词。

③ 引领学生走进土家族的山寨,在说一说、听一听、唱一唱、演一演中丰富音乐体验,感受音乐带来的快乐。

④ 能够主动参与小组的活动,在活动中拉近与音乐的距离,感受学习的快乐和合作的快乐。

(3) 教学设计。

导入环节设计。

师:(出示中国地图)同学们知道地图上的这只"大公鸡"代表哪儿吗?(生答:中国)那老师有几道问题想考考你们:

① 我们的祖国地大物博、民族众多,你知道共有多少个民族吗?(生答:56个)

② 大部分人是属于哪个民族的?(生答:汉族)

师总结:对了,汉族是人口最多的一个民族。

③ 你还知道哪些少数民族呢?

今天,老师要带同学们去认识一个勤劳质朴、心灵手巧、能歌善舞的民族,它主要分布在湖南一带(指地图),名字叫作土家族,大家想去吗?(生答:想)那就让我们排起队伍,乘着歌声的翅膀,一起向土家族出发!(随《乃哟乃》音乐作律动)

(设计理由:采用图片展示民族知识导入教学,不仅可以增进学生对祖国大家庭各民族的了解,培养学生的爱国情感,而且有助于学生在形象化的导入环节中,产生积极的情绪体验,为进入下一学习环节做好心理准备。)

30.【答案要点】(40分)

(1)

教学重点：脚内侧踢、停球——准确的脚型及触球的部位、力量。

教学难点：脚内侧踢、停球技术、协调配合和脚对球的控制掌握能力。停球时伸脚提前量和及时后撤的掌握。

(2)

① 认知目标：进一步建立脚内侧踢、停球技术动作概念。

② 技能目标：巩固提高脚内侧踢、停球技术动作和对球的控制能力、支配能力，提高灵敏、速度耐力等身体素质。

③ 情感目标：培养学生勇敢、机智、果断、胜不骄、败不馁的优良品质和团结一致、密切配合的集体主义精神。

(3)

① 学生尝试脚内侧踢球。要求：A. 怎样才能将球平稳地传到同伴的脚下；B. 不能大力踢球；C. 将球停稳后，才能踢球。

② 学习脚内侧传球的技术要领。技术动作要点：A. 助跑（自然）；B. 支撑（球侧一球距离）；C. 击球（脚内侧击球中后部）；D. 随前（自然摆动）。

③ 脚内侧传球练习。A. 模仿练习；B. 两人一组脚内侧击固定球；C. 一定距离的脚内侧传球练习。

（设计理由：采用循序渐进的教学方法，让学生从脚内侧踢球，到明确动作要领，再到进行脚内侧传球练习，有助于使学生扎实地学会脚内侧传球的动作。）

31.【答案要点】(40分)

(1) 美术设计中的图形排列介绍。

即在美术设计中采用将图形进行不同的排列组合，构建不同的图形，以此不仅可以获得丰富多彩的美术创作结果，而且可以激发创作灵感，培养创造性思维和创作能力。

(2) 教学目标。

① 引导学生用瓶盖排列，拼贴图形。

② 引导学生将各种瓶盖组合起来制作有趣的物品。

③ 让学生能够对用废旧材料制作物品产生兴趣。

(3) 教学设计。

教师展示用瓶盖创作的作品，引导学生欣赏并观察是用什么材料制作的。

师：这些瓶盖，在我们的生活中是非常常见的，可是我们平时一般都把它们扔掉了，多可惜啊！今天我们就把这些瓶盖利用起来（出示课题）。

（要求学生把瓶盖摆放在桌面上。）

师：① 比较：你们的瓶盖有什么不一样的地方？

② 再比较：你们的瓶盖有什么相同的地方？

瓶盖大小、高矮、颜色不一样，但是它们都有一个共同的特点，它们都是圆形的。

师：除了瓶盖是圆形的，在我们的生活中你还见过哪些东西也是圆形的？

（学生结合自己的生活经验说一说自己的发现。）

师：（出示生活中的圆形物品）看一看它们共同的特点是什么？想一想，我们能不能把这些圆形的东西跟我们的瓶盖联系起来呢？

a. 做想象游戏:

一个瓶盖像什么?两个瓶盖放在一起像什么?叠在一起呢?如果把三个瓶盖连在一起呢?把三个瓶盖叠在一起又像什么?四个呢?五个呢?很多瓶盖呢?我们可以把它们变成什么?自己在桌面上摆一摆,说说你怎么摆的。

b. 引导学生创作:

师:动脑筋想一想,你想用瓶盖做什么呢?用你手中的瓶盖做一件小作品。

学生练习:将瓶盖进行摆放、组合,制作成有趣的作品。

出示学习要求,鼓励学生用自己喜欢的方法、材料进行创作,提醒学生需要注意的地方。作品展示,教学小结。

c. 评价同学的作品、互相学习。

(设计理由:① 采用直观的教学手段,有助于激发学生的学习兴趣;② 引导学生自己动手创作,有助于培养学生的想象能力和创造能力。)

教育教学知识与能力（小学）全真模拟与预测试题 8 参考答案

一、单项选择题（本大题共 20 小题，每小题 2 分，共 40 分）

1—5　BDCBA　　6—10　CABAA　　11—15　CBDAC　　16—20　CABCA

二、简答题（本大题共 3 小题，每小题 10 分，共 30 分）

21.【答案要点】（10 分）

马斯洛的需要层次理论由低级到高级总共包括七个层次的需求，分别是：生理需要、安全需要、归属与爱的需要、尊重的需要、求知的需要、审美的需要以及自我实现的需要。其中，前四个层次属于低一级需要，通过外部条件就可以满足。后三个层次属于成长性需要，通过内部因素才能满足。

七种需要像阶梯一样从低到高，按层次逐级递升。同一时期，一个人可能有几种需要，但每一时期总有一种需要占支配地位，对行为起决定作用。

马斯洛提出人的需要有一个从低级向高级发展的过程，这在某种程度上是符合人类需要发展的一般规律的。但是该理论仍然存在局限性。如：需求归类内涵重叠、需要满足标准和程度模糊。

22.【答案要点】（10 分）

从群体表现来看，首先是男女性别的差异，它不仅是自然性上的差异，还包括由性别带来的生理机能和社会地位、角色、交往群体的差别。

其次，个别差异表现在身心的所有构成方面。主要包括两个方面：一是儿童气质与性格的差异。气质差异主要表现为胆汁质、多血质、黏液质、抑郁质。性格类型主要表现为外倾型和内倾型、顺从型和独立型。二是儿童的能力差异，能力差异主要表现为类型的差异、发展水平的差异、表现早晚的差异。

23.【答案要点】（10 分）

《小学教师专业标准（试行）》中"学生为本"的基本理念主要包括：① 尊重小学生权益，以小学生为主体，充分调动和发挥小学生的主动性；② 遵循小学生身心发展特点和教育教学规律，提供适合的教育，促进小学生生动活泼地学习、健康快乐地成长。

具体表现在：能总结、反思、改变教法，由习惯于批量生产形成的固定课堂教学模式，转型为以满足个性需求的分类教学模式，尊重学生人格，启迪学生心智，改教为育，变单纯教授知识为既传授知识也教授探究和创造的方法。应遵循"因材施教"原则，对每一个学生深入了解，教育需有针对性、有层次性，要有育人的理念与本领。

三、材料分析题（本大题共 2 小题，每小题 20 分，共 40 分）

24.【答案要点】（20 分）

（1）唐老师与家长沟通的做法秉承了正确的家校沟通理念，值得肯定。

① 这种做法尊重家长的意识，体现了教师与家长的平等地位。家长和教师作为对学生施加教育影响的教育主体，具有平等的教育地位。案例中的唐老师在面对家长的质疑时，能够摆正心态，以平和的心态去对待家长，体现了民主平等的地位。

②这种做法与家长进行换位思考,运用艺术的教育方式与家长取得一致与理解。在听到家长的抱怨之后,唐老师没有反驳,而是通过一个小故事与家长进行及时沟通,非常具有艺术性。

③唐老师的做法具有很强的教育性。教师具有专业的教育理念、知识和能力,相较于家长而言,具备更好的教育效果。案例中的唐老师针对学生的特殊情况进行个别指导,对于学生成长、学生家长观念和认识的转变,起到了推动作用。

(2)家校合作中应遵循以下基本要求:

① 教育性。家校合作应使学生、家长和教师都能够得到教育。

② 发展性。家校合作应以促进学生发展为目的。

③ 针对性。家校合作应该针对学生的问题进行有针对性的指导。

④ 有效性。家校合作的目的是为了促进学生发展,最终必须完成预定目标。

25.【答案要点】(20分)

(1)杨老师的导入值得学习。

① 导入要与教材内容和学生的特点相适应,即针对性。杨老师借助猴子的事例导入课程适合学生的特点,在事例中讲了分数的基本特点,每个猴子分的块数不一样但是都是四分之一块饼。

② 导入要有启发性,通过这个情境,并且设问,能够引起学生思考。

③ 导入要有趣味性,猴王分饼的故事能够激发学生上课的热情。

④ 导入要考虑语言的艺术性。教师的导入需注重语言的形象生动、抑扬顿挫。

(2)导入方式有很多,常用的有以下几种。

① 直接导入。教师直接阐明本节课的学习内容、目标和要求。直接导入是最简单和最常用的一种导入方法。

② 实物导入。教师在课前根据课文内容准备一些实物,给学生提供感性认识和思维的依据,使抽象的概念具体化。

③ 情景导入。教师在上课时利用现有的综合媒体如幻灯、录音、课件、视频或图片等,带学生入情入境,引起学生的共鸣。

④ 提问导入。教师通过提出富有启发性的问题,激发学生思维,引出新的教学内容。

⑤ 复习导入。教师采用能使新旧知识建立联系的合适方式导入新课。或通过带领学生复习原有知识内容中与新知识相联系的有关内容导入新课,或提出符合学生知识水平、富有启发性的问题作为新旧知识联系的支点导入新课。

⑥ 悬念导入。悬念导入是指在导入新课时,设置富有悬念的事例,以激发学生求知欲的导入方式。

⑦ 故事导入。教师通过生动形象地讲述故事或事例来感染学生,从而顺利、生动地导入新课。

⑧ 游戏导入。游戏导入是指教师精心设计一些知识性、趣味性强的游戏,使学生不知不觉地进入学习情境的导入方式。

四、教学设计题(本大题有2小题,请任选1小题作答,全部作答只按前1小题计分,共40分)

26.【答案要点】(40分)

(1)诗的首句"离离原上草",紧紧扣住题目"草",并用叠字"离离"描写春草的茂盛。第二句"一岁一枯荣",进而写出原上野草秋枯春荣、岁岁循环、生生不息的规律。第三、四句"野火烧不尽,春风吹又生",一句写"枯",一句写"荣",是"枯荣"二字意思的发挥。不管烈火怎样无情地焚烧,只要春风一吹,又是遍地青青的野草,极为形象生动地表现了野草顽强的生命力。此二句不但写出"原上草"的性格,而且写出从烈火中再生的理想的典型。

这首诗是作者少年时代的作品,也是当时传诵的名篇。这是一曲野草颂,更是一曲生命颂。全诗借景写情,结构严紧,格调清新,用语自然流畅,意境浑然完整,刻画形象生动,通过对荒原野草的赞颂,反映了作者积极进取的希望和精神。此诗直观上是对自然演变的描写,以"草"作为中心词,构成全诗意境的主体意象,但含意深刻,常用于比喻进步的东西具有顽强的生命力。

(2)

知识与技能目标:通过学习,使学生认识"枯""荣"等生字,会写"枯""荣""烧"三个生字;正确、流利并有感情地朗读、背诵古诗。

过程与方法目标:通过认字、识字、写字的过程,通过引导学生以模仿朗读、感情朗读的方法使学生掌握古诗,体会诗人观察分析的方法。

情感态度与价值观目标:使学生在通读中理解古诗,感受小草顽强的生命力。培养学生热爱生命的情感和顽强向上的意志。

(3)指导过程如下:

① 看图片,对比茂盛与枯萎,感受"枯"。

② 请学生仔细观察"枯"这个汉字的结构特点。枯:左右不等,窄让宽,短的在左往上挪。"木"字旁写得稍小一点,写在田字格靠上一点的位置,而不是中间位置,右边的"古"字写得稍大一些,写在田字格的中间位置。

③ 呈现"枯"字诀:体型窄,左边站,横向短,捺笔收,右边宽,要舒展,笔画穿插不分家,左右谦让才美观。

④ 教师示范学生练习:教师在黑板上示范写"枯"字的笔顺,教师边示范边提醒"枯"字的写字要领。学生在练字本的田字格内摹写。

⑤ 学生练习书写,教师巡视指导,运用投影仪进行评议,提醒学生每写完一个都要与教师所写的范字进行对比,找出不足,并提醒学生注意正确的写字姿势。

27.【答案要点】(40分)

(1)估算和精算是计算的两种基本形式。一般而言,精算主要是指个体依靠数字运算符号,遵循一定的运算规律,按照一定的演算步骤,得出精确答案的计算方式;而估算则是指在利用一些估算策略的基础之上,通过观察、比较、判断、推理等认知过程,获得一种概括化结果的计算方式。

二者的差异主要表现在:一是能力表现特点的差别。精算能力主要是一种程序化、精确化的认知能力,所得的结果比较精确。估算则表现为直觉化、跳跃化与内隐化特点,结果只是在一定范围内对答案的估算。二是作用不同。精算能力的形成对于个体有效解决抽象数学问题,形成严格的逻辑思维不可或缺,而估算能力则在个体解决实际问题的过程中发挥重要作用,具有较强的实用性与广泛性。

(2)根据《数学课程标准》的新理念,"精算与估算"的教学目标如下。

知识与技能目标:① 通过创设具体的情境,使学生初步学会加减法的估算,让学生体会算法的多样化,培养学生的估算意识和能力。② 培养学生探索知识及合作交流的意识和能力。

过程与方法目标:让学生用所学到的估算知识去解决生活中的问题,体会运用数学的乐趣,培养学生运用数学的意识。在小组讨论中体会解决问题的基本过程和方法,提高解决问题的能力,同时提升学生的数感和语言表达能力,增强估算意识。

情感态度与价值观目标:通过数学活动,渗透思想品德教育,让学生感受到生活中处处有数学,增强学习数学的自信心。感受到估算能够解决生活中的实际问题,体会到数学的实用价值。

(3)教学环节主要包括:

① 第一环节:初步体会估算。

教师活动:利用大屏幕出示"多数怎样估计"里的四个小问题,组织学生进行独立思考并进行竞赛,请学生说一说进行这样估算的理由。

学生活动：根据教师的提问独立完成思考并作答。

预设1：《新编小学生字典》大约是(600)页。

因为592页离整数600很近，因此可以看成是600页。——讲解凑整法

预设2：小田每分钟打字约(100)个，因为103离100近。——讲解去尾法

设计理念：采用竞赛的方式调动学生的学习热情，另一方面也为后面的学习进行铺垫。

② 第二环节：探究两位数乘三位数的估算。

教师活动：利用短片的形式展示步行操场问题和全乡小学人数问题，组织学生四人一小组进行探究如下的问题：① 你会计算吗？能用几种方式计算其大概的值？② 说说你估算的理由和这种方法的优势。

学生活动：小组进行讨论，总结出两位数乘三位数的估算方法。

预设：采用两种方法的混合估算：比如每步62厘米，走252步，计算走了多远。将62厘米看成60厘米，把步数252也用去尾法看成250步，这样就可以简单估算出大概走了150米。

设计理念：这部分内容是本节课的难点和重点，因此利用小组合作的方式，以学生为主体，教师进行引导，总结出两位数乘三位数的估算方法。

③ 第三环节：估算方法应用。

教师活动：利用图片展示，请学生提出问题并进行解答，由学生独立完成并进行汇报。

学生活动：根据图片进行提问、独立解答及汇报。

预设：飞了20天，飞到目的地了吗？能进行估算判断吗？飞了20天飞了16 000千米，可是还是没有完成17 000千米的飞行，因此没有到达目的地。

设计理念：利用掌握的估算知识进行解决问题，进一步巩固知识，由学生寻找问题，增强了学生的问题意识。

28.【答案要点】(40分)

(1)《大鼓和小鼓》是一首日本儿童歌曲，F大调，2/4拍。歌曲短小，仅有8小节。歌词简单，仅仅是大鼓和小鼓音高和音色上的对比。全曲的音高也是简单的do、mi、sol三个音的组合重复，非常适合低年级学生学习。

歌曲中包含的音乐要素非常丰富，不仅有音色、音高的模仿，还有力度的模仿。用四分音符的do来表示大鼓敲击的声音，用八分音符的sol来表示小鼓敲击的声音，生动形象，便于低年级学生模仿与学习。节奏上也是比较简单的八分音符和四分音符，非常规整的节奏组合，非常适合低年级学生的学唱。音高上虽然有二度、三度的小跳，但同时也存在五度、六度的跳进。所以，简单中略带些难度，教学中可通过声势教学法帮助学生更准确地感受音高。

(2)

知识与技能目标：让学生初步感知声音的高低与强弱，使学生通过敲击、观察，正确分辨大小鼓在声响、形状、敲击方式上的区别，学习用轻快的声音演唱歌曲《大鼓和小鼓》。

过程与方法目标：结合生活中的经验，用敲击、动作等方式探索、感知、体验音的强弱。通过节奏律动游戏，加深学生对大小鼓音响、强弱对比的认识，使得学生能够正确区分和表现强和弱这两种不同的音乐力度，使得学生的节奏表现能力得以加强。

情感态度与价值观目标：体验快乐的音乐学习，通过进行各种音乐游戏和活动，培养大脑与身体运动的协调性。推动学生创造性思维的发展，有效提升他们对于表现音乐、创造音乐的积极性。

(3) 教学环节主要有以下方面：

① 初步聆听。

多媒体播放大鼓和小鼓的声音,学生初步感知音乐的高低。

初步聆听与感知,可以让学生对音的高低有个大概的认识与了解,为下一步的教学做准备。

② 探索与感知。

出示大鼓和小鼓,将学生分成四组,探索通过敲击大鼓和小鼓,分辨音高的不同。

通过实物的探索,能够更直接地感知音的高低之分;用大鼓和小鼓来探索音的高低,能激发学生的学习兴趣和探索欲望。

③ 声势游戏。

用拍手和跺脚来代替大鼓和小鼓的声音,同样是将学生分成四组,讨论拍手和跺脚分别哪个是大鼓的声音、哪个是小鼓的声音。分辨出拍手是小鼓的声音、跺脚是大鼓的声音后,进行"我敲你学"的游戏。教师或学生代表敲击大鼓或小鼓,其余学生用拍手或跺脚回应。

让学生自己进行探索性学习,体现了新课改中学生为主体的课程理念。"我敲你学"的游戏,丰富了课堂环节,增添了课堂气氛,同时也能使学生进一步感受音的高低。

29.【答案要点】(40分)

(1)

教学重点:低头、含胸、蹬腿、团身、紧抱膝。

教学难点:滚动圆滑,动作协调。手在垫子上的支撑位置,和脚的站位以及如何蹬地发力的技巧。

具体来说:

团身滚动这一动作的重点:蹲式团身前后滚动。难点:蹬地用力、团身向后滚动。前滚翻成屈腿坐撑这一动作的重点:逐步做到滚动圆滑、方向正。难点:推手、蹬地。前滚翻成蹲撑这一动作的重点:掌握前滚翻的完整动作。难点:后脑勺部位先着地、团身紧,滚动圆滑。前滚翻成蹲立接挺身跳这一动作的重点:前滚时,后脑勺、肩、背、臀部依次着垫。难点:团身紧,滚动圆滑。

(2)教学目标如下。

① 认知目标:使学生了解前滚翻时必须团身紧的技术要点,并使学生了解如何利用前滚翻技术保护自己。

② 技能目标:通过练习使85%~90%的学生掌握前滚翻的正确技术动作。发展学生灵敏、柔韧、协调等身体素质。

③ 情感目标:通过学习,能够认识自己身体素质上的不足,培养同学互相帮助的情感,感受课堂中的挑战与喜悦,喜欢体育爱上体育课。

④ 社会适应:通过本次课的学习,培养学生克服困难、勇于挑战自我的信心,学会尊重并听取别人意见,互帮互学,培养良好的合作精神。

(3)

① 团身滚动这一动作的易犯错误纠正方法:在完成这一动作时,做好腕、肘、肩、头、颈等部位的准备活动,学生可由坐势抱腿团身前后滚动过渡到蹲势。

② 前滚翻成屈腿坐撑这一动作的易犯错误纠正方法:可通过互推、一蹲一起的练习体验推手、蹬地的感觉。

③ 前滚翻成蹲撑这一动作的易犯错误纠正方法:可通过"小皮球,跳"的团身蹲跳练习,使学生多体验团身的感觉。也可请优生多展示前滚翻成蹲撑这一动作,引导学生观察、点评,得出动作要领。

④ 前滚翻成蹲立接挺身跳这一动作的易犯错误纠正方法:教师示范完整动作,使学生由分解练习逐步到完整练习,一步步大胆前进。

教育教学知识与能力（小学）全真模拟与预测试题9
参考答案

一、单项选择题（本大题共20小题，每小题2分，共40分）

1—5 CDDBB　　6—10 AAADD　　11—15 CBDDB　　16—20 DCBCC

二、简答题（本大题共3小题，每小题10分，共30分）

21.【答案要点】（10分）

小学生记忆发展的特点主要表现在以下几个方面。

（1）小学生的有意记忆明显增强：从无意注意为主转变为有意记忆为主，是小学生记忆发展的第一个特点。

（2）小学生的意义记忆迅速发展：从机械记忆为主向意义记忆为主过渡，是小学记忆发展的第二个特点。

（3）小学生的抽象逻辑记忆水平逐步提高：从具体形象记忆向抽象逻辑记忆的方向发展，是小学生记忆发展的第三个特点。

（4）短时记忆的容量发展迅速：小学生短时记忆的容量发展迅速。

22.【答案要点】（10分）

（1）保持正确姿势，组织适当的体育活动和体力劳动。

（2）保护牙齿，培养儿童良好的用餐习惯。

（3）眼和耳的卫生保健。

（4）保持合理的营养和良好的生活习惯。

（5）注意用脑卫生。

23.【答案要点】（10分）

（1）借助实物、图像创设教学情境。

（2）借助动作（活动）创设教学情境。

（3）借助语言创设教学情境。

（4）借助新旧知识、观念的关系和矛盾创设教学情境。

（5）借助"背景"创设教学情境。

（6）利用谜语、儿歌创设情境。

（7）借助问题创设情境。

（8）运用想象创设教学情境。

三、材料分析题（本大题共2小题，每小题20分，共40分）

24.【答案要点】（20分）

这种认识是肤浅的。这使师生互动流于形式。

作为一种特殊的人际交往,师生互动旨在让学生积极主动地思维起来,不仅让他们"在思维",而且让他们"会思维"。师生互动的根本目的是要引导和培养学生积极思维。因此,师生互动是否成功就要看学生是否在进行积极思维。即一是看学生的注意力,是否全神贯注;二是看学生的情绪,是否情绪高涨、主动参与、积极争论、勇于表态;三是看学生的意志,碰到各种困难和阻力时是否继续认真地思考,另辟蹊径,尽力去做。

在具体的教学活动中,实施师生互动的关键是要了解学生的发展水平,从学生的实际出发,坚持"让学生跳一跳就够得到"的原则。激发学生的认知冲突。引发学生强烈的兴趣和求知欲,让他们通过自身的实践和心理体验,提高分析问题和解决问题的能力,只有如此,才能使学生进入积极的思维状态。

25.【答案要点】(20分)

上述材料反映的是典型的小学生的以自我为中心现象。自我中心是现在小学生中比较常见的一种现象,它阻碍了小学生的正常交往。这种现象产生的原因主要是缺乏良好的家庭教育。他们在家庭中处在中心的地位,使他们在人际交往中也以自我为中心,希望别人服从自己,而且以自己的眼光去评判周围的事物,不能客观地评价别人和自己。

要矫正小学生的自我中心心理,需从以下几个方面来进行:
(1)帮助小学生认清自己身上的不足及其危害性,树立改变自我的信心和决心;
(2)给予家长必要的指导,寻求家长的合作,使小学生摆脱形成自我中心的环境;
(3)在家庭中逐步改变小学生的自我中心,采用行为转变方法,如厌恶法、代币法等;
(4)结合实际生活,指导小学生人际交往的原则和技巧,提高其交往能力;
(5)指导和帮助小学生树立正确的自我观念,提高自我认识能力,使其对自己的认识比较接近现实,能愉快地接受自己、调整自己,形成健全统一的个性;
(6)培养小学生的集体意识,认识集体规则,培养集体荣誉感,学会在集体中与同伴和睦相处。

四、教学设计题(本大题有2小题,请任选1小题作答,全部作答只按前1小题计分,共40分)

26.【答案要点】(40分)

(1)写作特点:本文是一篇说明文。通过举例子、列数字、打比方的写作方法,细致有序地描写了海底世界。

(2)教学目标:

① 知识与能力:通过查字典理解注音字的含义,会用"窃窃私语""景色奇异"等词语造句,并流利地朗诵文章。

② 过程与方法:学习打比方、作比较、列数字等写作手法的使用,初步感悟说明文的表达方法。通过合作学习的方式,让学生在掌握知识的同时获得与他人合作讨论学习的能力。

③ 情感态度与价值观:通过作者对海底世界的描述,培养学生热爱自然的情感,激发学生探索自然奥妙的兴趣。

(3)依据三维教学目标,设计三个题目如下:

设计题目1:用"窃窃私语""景色奇异""澎湃""蕴藏"造句。

【设计意图】通过造句,帮助学生理解重点词语的意思,学会运用本课中的词语进行简单地写话。

设计题目2:让学生按照语文小组的形式讨论:第二段和第三段围绕哪些中心句展开,分别写到了哪些生物,它们各自有什么特点。

【设计意图】通过分小组讨论的形式讨论文章的核心段落,一方面锻炼了学生表达的能力,另一方面也掌握了文章的核心内容。

设计题目3：海底世界生物的种类还有很多，你所知道的海底生物有哪些呢？课后搜集一些海洋的资料，跟大家分享一下你所知道的海底生物。

【设计意图】通过搜集海底生物的信息，激发学生对大自然的探索欲望，培养学生搜集信息的能力，并体会到跟大家分享自己成果的喜悦

27.【答案要点】(40分)

（1）无论使用何种工具材料，绘画创作总离不开形体、线条、明暗、色调等艺术语言。美术语言的造型要素主要包括：形（点、线、面、形状、形体），色（明暗、色彩、色调），材料（材质、肌理）。

此外，美术语言还包括将造型元素组合成一件完整的作品的基本原理，包括多样统一、比例、对称、平衡、节奏、对比、和谐等。它们给人的视觉感受和由此产生的视觉心理，即是它们的语义。美术作品正是以它的形式元素塑造出可视的艺术形象。这些形式元素就是美术家传情达意的艺术语言。

（2）根据低年段学生的身心发展水平，分学段设计课程内容和学习活动。

1年级学生，属于第一学段，侧重造型表现学习。因此该阶段的学习领域目标是尝试使用不同工具，用纸以及身边容易找到的各种媒材，通过看看、画画、做做等方法大胆、自由地把所见所闻、所感所想的事物表现出来，体验造型活动的乐趣。

美术课程教学目标按"知识与技能""过程与方法""情感、态度与价值观"三个维度设定。因此课的三维教学目标如下：

知识与技能目标：学生能够感受立体造型和色彩搭配的基本方法，用揉、搓、捏、压等方法将彩泥和胶泥塑造出花纹好看、色彩诱人的立体造型——花点心。

过程与方法目标：学生通过动手、动脑，联想各种"花点心"的样式、色彩，大胆尝试能够将所感所想自由地表现出来。

情感态度与价值观目标：体验到立体造型所带来的乐趣，体会和发现生活中的美，对美术产生浓厚的兴趣。

（3）在新授环节开展"我是小厨神"评选表演活动，开展情境教学，教师和学生一起角色扮演，每个同学都是小厨师，看谁做得好，做出漂亮的花点心变成"小厨神"。

首先教师陪学生一起选择材料：橡皮泥，看一看、闻一闻、摸一摸。学生直观感受彩泥的特性，在制作的时候更容易上手。

其次学习制作方法：教师和学生开始比赛看谁能把橡皮泥改变成各种形状。教师鼓励学生练习各种做法，团成大小不一的圆形，压成各种规则和不规则的饼，搓成粗细不一的条形，捏成形态各异的花样，划出各种条纹，让学生们在比赛的同时相互学习，激发想象力和创造力。

做得好的同学和大家一起分析总结方法经验。

理由：此活动符合这一学段学生的心理特点，能培养学生的创新精神和实践能力，激发学生自主学习的参与热情，以及与熟悉的同龄人竞赛的激情。体现了"课标"中"教师是学生学习的组织者和管理者"的新教学理念。

教育教学知识与能力（小学）全真模拟与预测试题 10 参考答案

一、单项选择题（本大题共 20 小题，每小题 2 分，共 40 分）

1—5　CAACD　　6—10　CBBDB　　11—15　ABBBC　　16—20　CBCDA

二、简答题（本大题共 3 小题，每小题 10 分，共 30 分）

21.【答案要点】（10 分）

(1)要注意与学生的生活实际相结合；(2)要注意与学生的品德教育相结合；(3)要注意与班级的实际情况相结合；(4)要注意与各级学科相关知识相结合；(5)要注意与各类节假日和纪念日相结合。

22.【答案要点】（10 分）

(1)专业理想的建立；(2)专业态度和动机的完善；(3)专业知识的拓展与深化；(4)专业能力的提高；(5)教师的专业人格；(6)专业自我的形成。

23.【答案要点】（10 分）

柯尔伯格采用"道德两难故事法"让儿童对道德两难问题做出判断，并将道德判断分为三个水平：(1)前习俗水平，包括服从与惩罚的道德定向阶段和相对功利的道德定向阶段；(2)习俗水平，包括好孩子的道德定向阶段和维护权威与秩序的道德定向阶段；(3)后习俗水平，包括社会契约的道德定向阶段和普遍原则的道德定向阶段。

三、材料分析题（本大题共 2 小题，每小题 20 分，共 40 分）

24.【答案要点】（20 分）

材料中的教师在课堂上正确使用不同的评价方式，不仅能提高学生学习的积极性，更能在发展语言能力的同时，发展学生的思维能力，激发学生的创造潜力。在实际的课堂教学中，不管采用哪种评价方式，不管是针对学习内容的评价，还是针对学习习惯、学习方法、情感态度和合作学习等方面的评价，都要注重每个学生的感受，以激励为主，敏锐地捕捉其中的闪光点，并及时给予肯定和表扬，每一次评价都要让学生感受到教师和同伴心诚意切、实事求是，激励学生积极思维，营造一种热烈而又轻松和谐的学习氛围，将学生引导到评价中去，调动所有的学生关注评价、参与评价，使学生在评价中交流，在交流中学习，这样才能在评价中得到进步，共同提高，全面发展，从而使课堂评价有效地促进学生的发展。随着课程改革的深入发展，课堂评价体系也一定会变得更加完善、具体，在《义务教育语文课程标准》所倡导的新理念的驱动下，语文课堂教学评价方式也会向着人性化、平等化、科学化发展。

25.【答案要点】（20 分）

材料中的班主任违背了德育过程是一个促进学生思想内部矛盾斗争的发展过程，是教育与自我教育相结合的过程的规律,违背了尊重信任学生与严格要求学生相结合的原则。

(1)德育过程是一个促进学生思想内部矛盾斗争的发展过程,是教育与自我教育相结合的过程。① 学生思想品德的任何变化,都依赖于学生个体的心理活动。② 学生思想内部的矛盾斗争,实质上是对外界教育因素的分析、综合过程,斗争的过程也就是学生品德不断发展的过程。③ 学生的自我教育过程实际上也是他们思想内部矛盾斗争的过程。材料中的班主任只是对写情书的男生进行严厉批评,没有重视培养他的自我教育能力,没有发挥学生在德育过程中的主观能动性,这违背了上述德育过程的规律。

(2)德育过程要坚持尊重信任学生与严格要求学生相结合的原则。① 尊重信任学生与严格要求学生相结合原则是指在德育过程中,教育者既要尊重信任学生,又要对学生提出严格的要求,把严和爱有机地结合起来,促使教育者的合理要求转化为学生的自觉行动。② 贯彻这一原则的基本要求:教育者要有强烈的事业心、责任感以及尊重热爱学生的态度;教育者应根据教育目的和德育目标,对学生严格要求、认真管理;教育者要从学生的年龄特征和品德发展状况出发,提出适度的要求,并坚定不移地贯彻到底。材料中的班主任在班会上公开学生写的情书,是不尊重、不热爱学生的表现。在德育的过程中,只有把尊重与严格要求学生紧密结合在一起,才能取得最佳教育效果。

四、教学设计题(本大题有 2 小题,请任选 1 小题作答,全部作答只按前 1 小题计分,共 40 分)

26.【答案要点】(40 分)

(1)汉语拼音教学的一般步骤包括出示声母(或韵母)、读准声母(或韵母)、拼读音节、指导书写等步骤,其中拼读和书写两个步骤的顺序不固定,可以先教拼读,也可以先教书写。① 借助情境或语境学习声母、韵母。借助"情境图""语境歌"将儿童已有的口语经验、相关的生活经验与所学的字母联通、匹配,化难为易、寓学于乐,大大地提高汉语拼音教学效率。② 借助游戏演练,教学生拼读音节。可先教会学生掌握拼读规律,然后运用"声母、韵母找朋友"的游戏进行演练,寓教于乐,提高学生的拼读能力。③ 激发学习兴趣,提高拼音教学效率。教学方式要生动活泼,可采用图片、录音、录像、多媒体等手段,宜多采用游戏和活动的形式。这样寓练习于游戏、活动之中,就能激发起学生的学习兴趣,使之在欢快的气氛中学习汉语拼音,从而提高汉语拼音的教学效率。

(2)教学目标。

① 知识与能力目标:学会 a、o、e 三个单韵母,认清形、读准音;认识声调符号,掌握 a、o、e 的四个声调,并能直呼;认识书写汉语拼音的四线三格及基本笔画,能正确书写 a、o、e 三个单韵母。

② 过程与方法目标:通过看图说话揭示学习内容;通过探索,找到隐藏在插图中的字母的形,在模拟唱歌、打鸣的活动中读准字母的音;通过互动游戏巩固字母的音和形。

③ 情感态度与价值观目标:激发学习汉语拼音的兴趣,知道拼音能帮助识字和阅读,培养良好的写字习惯。

(3)教学游戏设计。

① 儿歌诵读。

目的:用儿歌辅助学生愉快而轻松地读准音、认清形。

准备:儿歌、课文投影。

儿歌 1:小姑娘,圆圆脸蛋马尾辫,张大嘴巴 a、a、a;大清早,太阳出来红彤彤,公鸡唱歌 o、o、o;池塘里,游来一只大白鹅,水中倒影 e、e、e。

儿歌 2:圆脸小姑娘,小辫头上扎,a、a、a;一只大公鸡,清早喔喔啼,o、o、o;一只大白鹅,水里来唱歌,e、e、e。

儿歌3:娃娃唱歌,嘴巴张大 a、a、a;公鸡打鸣,嘴巴圆圆 o、o、o;白鹅照镜,嘴巴扁扁 e、e、e。

方法:老师带领学生诵读儿歌。

② 收信游戏。

目的:巩固 a、o、e 四个声调的认读。

准备:a、o、e 分别加上四个声调的卡片。

方法:

老师引导:"我这里有几封信,要送到小朋友手里。收到信的小朋友只要把信的内容念出来,这封信就是你的了。"学生(齐):"丁零零,丁零零,邮递员阿姨(叔叔)来送信。小小信封收到后,请你念给大家听。"

在学生读儿歌的同时,老师本人或请一位学生来给大家分发书信(卡片)。等拿到书信(卡片)后,相应的学生要上台来举起书信(卡片)带领大家认读拼音。如果学生读对了拼音,大家就一起跟他/她拼读,并说"对对对,快收信";如果他/她读错了,大家就说"错错错,没人收",然后再请一位学生来帮助遇到困难的学生重新进行认读。

本游戏可以反复进行多次,让更多的学生获得带领大家认读卡片的机会。这样既能激起学生学习拼音的兴趣,又能锻炼他们合作学习的能力。

③ 角色表演。

目的:巩固 a、o、e 音和形的识记。

准备:头饰,头饰上写 a、o、e。

方法:请一名学生戴着拼音字母头饰上台。他一边用肢体动作展示 a、o、e 等字母的形状,一边介绍自己,然后请其他小朋友读出他头饰上的字母,和他交朋友。比如,学生说:"小朋友好,我是 a,你们愿意和我做朋友吗?"其他的小朋友则大声地说:"a、a、a,你好! 我们愿意和你做朋友!"

27.【答案要点】(40分)

(1)教学目标。

① 知识与技能目标:认识三角形,知道三角形的特性及三角形的高和底的含义,会在三角形内画高,知道三角形的稳定性及其在生活中的应用。

② 过程与方法目标:在自主探究与合作交流的过程中,培养观察能力、抽象概括能力和应用数学知识解决实际问题的能力。

③ 情感态度与价值观目标:激发学习数学的兴趣,体会成功的喜悦。

(2)教学重点和难点。

教学重点:认识三角形,知道三角形的特性及三角形的高和底的含义,会在三角形内画高。

教学难点:三角形的高的确定及画法。

(3)教学过程。

教具准备:练习纸、硬纸条、课件。

① 摸一摸,初步感知三角形的特征。

a. 师:今天老师给同学们带来了一个图形朋友(边说边出示一个三角形),我把它装在一个袋子里,袋子里除了三角形外还有其他图形,你能又快又准地把三角形摸出来吗?能说说你是怎样做到的吗?

b. 师:同学们真聪明,能够从这么多图形中准确地找到三角形,在生活中你在哪些地方还见过三角形? 看来你们对三角形并不陌生,今天我们要更深层地研究一下三角形。(板书:三角形)

② 动手操作,构建概念。

a. 画一画,探索三角形的定义。

● 师:同学们会画三角形吗?现在就在练习本上画一画吧。(学生画三角形)

● 师:请同学们在小组内对比、评价一下你们画的三角形,并说一说什么样的图形是三角形。

● 师:同学们说了自己的想法,到底谁说得更准确呢?别着急,老师先请大家帮个忙,判断一下老师邀请来的图形朋友是不是三角形?(出示图形)下面图形哪些是三角形?哪些不是?

● 全班同学交流,说说这些图形哪些是三角形。

● 师:要判断一个图形是不是三角形需要哪些条件呢?(引导学生概括出三角形的定义,重点讨论理解"三条线段""围成")

b. 自学课本,认识三角形各部分的名称。

师:同桌之间互相指一指,说一说三角形各部分的名称,并在自己画的三角形里标出各部分的名称,说出三角形的边、顶点和角。

c. 认识三角形的特征。

每个三角形都有三条边、三个角和三个顶点,这就是三角形的特征。

d. 介绍三角形的字母表示法。

师:为了表达方便,用字母 A、B、C 分别表示三角形的三个顶点,这个三角形可以表示成三角形 ABC。让学生给自己画的三角形标上字母,起个名字。

③ 动手操作、学习三角形的高。

a. 认识三角形的高和底。

师:什么叫作三角形的高呢?(课件出示三幅图,让学生加以辨析)

师:同学们请看图,哪些不是三角形的高呢?

师生共同总结三角形高和底的概念。

b. 学画三角形的高。

师:现在同学们已经认识了三角形的高,你会画三角形的高吗?

● 学生在练习纸上画三角形的高。指定一名学生板演,并讲解画高的方法,教师适当给予点评。

● 尝试在三角形上画出另外两条高。讨论:三角形有几组高和底?

● 全班集体评价,总结三角形高的画法及注意事项。

④ 实验解疑,探索三角形的稳定性。

a. 联系生活,寻找三角形的特性。

老师带来了一些图片,看看生活中的三角形。为什么这些地方要用到三角形呢?

b. 游戏激趣,发现三角形的特性。

游戏:拉一拉三角形和平行四边形,哪种图形更牢固?(板书:三角形具有稳定性)

⑤ 巩固运用,提高认识。

a. 填空。

● 由三条线段( )的图形叫作三角形。

● 三角形有( )条高、( )条底。

● 三角形具有( )性。

b. 给出一个三角形,让学生分别画出三个底所对应的高。

⑥ 总结评价,回顾全课。

师:通过这节课的学习,你对三角形有了哪些深层次的认识?你还有什么想要了解的?请对本节课的学习情况做自我评价。

⑦ 板书设计。

a. 三角形的特征:三个角、三个边、三个顶点。

b. 三角形的定义:由不在同一直线上的三条线段首尾顺次连接所组成的封闭图形叫作三角形。

c. 认识三角形的底和高。

d. 课后作业。

28.【答案要点】(40分)

(1)歌曲特点。

《我是小小音乐家》是一首活泼、跳跃的英国儿童歌曲,表现了小朋友们欢聚在一起载歌载舞的场面。这首歌曲是$\frac{2}{4}$拍,一段体结构,F大调式,歌曲由五个乐句组成。第一、第二乐句旋律完全相同,只是个别音的节奏稍有变化,跳进的旋律和以八分音符为主的节奏,塑造了一个欢快、活泼的音乐形象。第三乐句发生了很大的变化,连续采用了紧凑的节奏,上下行的级进使歌曲显得更欢快、跳跃,弱起节奏和象声词的运用,增添了歌曲活泼、欢快的情绪,使小朋友俏皮可爱的形象跃然而出。第四乐句节奏舒展,好像是做一个短短的休息,接着又重复了第三乐句,在欢快的情绪中结束。

(2)教学目标。

① 学唱歌曲,感受歌曲热烈欢快的气氛。

② 随音乐分角色进行表演。

③ 认识并掌握前八分后十六分音符的节奏。

(3)教学过程。

① 导入新课。

a. 师:今天老师请来了一位英国的小音乐家,你们听听他会演奏什么乐器?

b. 欣赏歌曲《我是小小音乐家》动画。

c. 学生回答:音乐家会打手鼓、吹喇叭、敲木琴。

d. 请学生用动作模仿演奏这三种乐器。

e. 再次聆听歌曲录音《我是小小音乐家》,学生边听边用动作模仿。

②《我是小小音乐家》歌曲学习。

a. 学歌词。

● 师:同学们刚才的动作模仿得非常像,能用你们的歌声来模仿乐器演奏出的声音吗?(出示歌曲第三乐句)。

● 学生按节奏轻声读一遍歌词。

教师纠正学生在节奏上出现的错误。

● 学生读一读节奏。

认识前面一个八分音符后面两个十六分音符的节奏。

● 学生按节奏再来读一读歌曲第三乐句的歌词。

● 老师再范读一遍歌词,学生注意听重音出现在哪里。

● 学生再读一遍这一乐句,读出重音。

b. 学唱歌曲。

● 老师弹琴,学生演唱第三乐句。

教学要求:学生演唱这一乐句时,注意声音要轻巧有弹性。
- 学生和老师配合演唱歌曲第一段歌词。(学生演唱第三乐句,老师演唱其他乐句)
- 老师再次范唱歌曲第一段歌词。学生边听边打拍子,注意听歌曲在开始时有什么特点。
- 学生听后回答:歌曲开始时是弱起。
- 老师指挥,学生轻声慢速地演唱歌曲第一段歌词。
- 老师弹琴,学生完整地演唱歌曲第一段歌词。

教学要求:学生要注意歌曲开始时是弱起,要唱齐。演唱时出现问题,教师要及时进行纠正。
- 老师弹琴,学生演唱歌曲第二段、第三段歌词。注意:歌声要轻巧。

c. 播放《我是小小音乐家》伴奏,学生完整地演唱歌曲。

③ 课堂小结。

师:同学们,你们的歌声真美妙!我们加上打击乐器完整地表现一遍歌曲来结束今天的课程吧。